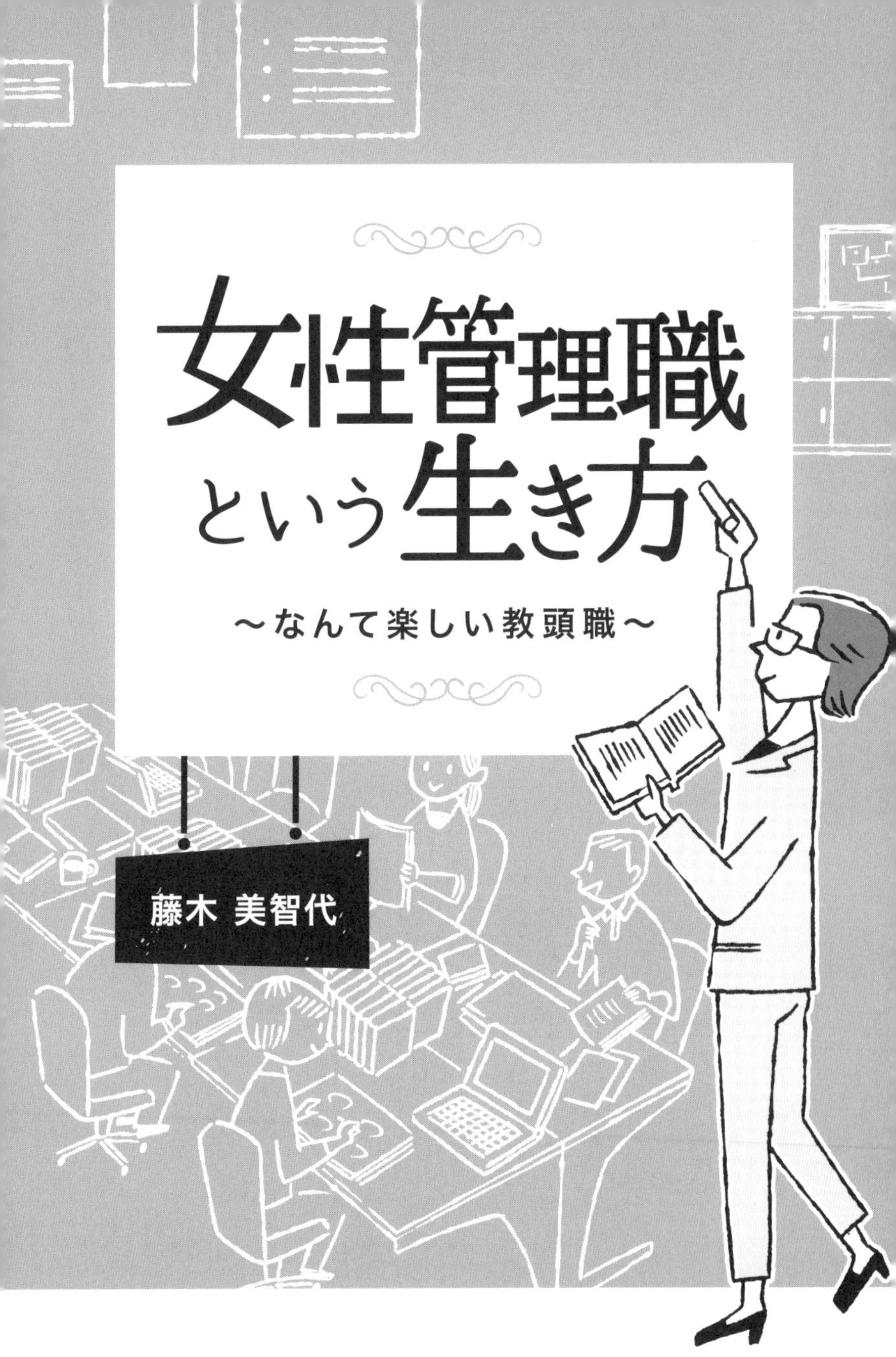

女性管理職という生き方

〜なんて楽しい教頭職〜

藤木 美智代

はじめに

私が小学校の教諭となり、学級担任として勤めていた若手の頃（昭和の末期～平成初期）、少子化の影響で十数年間、新採用のない時期がありました。今は、若い先生方がたくさん採用されていますが、50代の私たちと20、30代の先生方の間、つまり40代の先生がとても少ないのが現状です。そして今、教育界の大きな問題は、これから管理職になるはずのまさにその40代前後の世代がすっぽりといないということ、つまりそれは、10年も学級担任をしていない、20、30代の先生方が教務主任になり、やがては教頭、校長にならなくてはならないということです。

そう考えると、小学校教諭の60％以上が女性であるという現状において、40％に満たない男性にだけ管理職をまかせてはいられません。今こそ、女性の力が必要です。しかし、実際に女性管理職についてみてみると、その比率を日本政府は「20年に20％以上」とする目標を掲げていましたが、47都道府県全体で未だ18％にとどまっています（文部科学省、２０１９年度「学校基本調査」）。

きっと、若い先生方の中には、「管理職を目指さないか。」と上司から声がかかり、悩んでいる方も多いのではないでしょうか。やっと学級担任としてやっていけるようになったばかり。

まだまだ学級担任でいたい。もっともっと学級担任を極めたい。そんなときに管理職の誘いがきても、そんな気にはなれないことでしょう。

実は私も生涯、一担任でいようと思っていました。担任の先生になることが夢で、やっと一人前に授業ができて、どうにか学級もうまくまわるようになったのです。管理職なんて面白くもない仕事に就くなどと考える余地はありませんでした。しかし、授業や学級経営のことを書いて本を上梓したり、セミナー等で先生方に向けて話したりするようにもなり、50代の壁が見えてきた頃、そんな私は、あることがきっかけで、「管理職になってみたい」と思うようになりました。

教頭になった今、その決断に後悔はおろか、この道を進んでよかったと思える自分がいます。教頭という仕事が楽しくてしかたありません。学級担任ももちろん楽しいと思います。そして、学級担任が楽しいと思える人でなければ、教頭職も楽しめないと思います。かつては、「学級経営が上手い先生が、管理職になったらもったいない」と、私も思っていました。でも、今はこう言いたいです。

「学級経営が上手い先生に、学校経営も任せたい。」

と。

選択を迫られ、悩んでいる先生。声をかけていただけたなら、チャンスです。あなたの学級経営が認められているのです。もちろん、自ら管理職の道を考えている先生も、チャレンジしてみませんか。新しい世界が見えてきます。そして、ひとまわり大きく教育というものを捉え直すことができるでしょう。学校というシステムがどのように先生方や子供たちのために仕組まれているのかも知ることができるでしょう。今、自分の生き方をチェンジする岐路なのだと思います。

昨年度末から今年度にかけて、新型コロナウイルス感染拡大防止のために、学校では前例のない対応に挑んでいます。突如言い渡された臨時休業、略式化で行う卒業式や入学式、家庭で過ごす児童への生活や学習の支援、分散登校や分散授業、感染防止策を施しての通常日課開始、損なわれた授業時数の確保、行事や取り組みの中止、三蜜にならない工夫をしての授業、放課後の校内の消毒。これらのために、HPや学校メールの徹底、どこにも預けられない子供たちの受け入れ、課題の受け渡し方法、オンライン授業の準備、給食の食材発注や感染を防ぐ配膳の工夫、通常と違う登下校の際の安全確保、略式化や中止となる行事や取り組みについての保護者への説明、休み時間の過ごし方のルール作り、新しい学校生活のきまり作り……等々、新たに考えなければならないことが山ほどありました。

このように、この半年で学校のシステムを考え直す機会に遭遇し、いろいろな角度から学校運営について考えることができました。忙しい毎日ですが、学校や子供たちをどのように守ったらいいか、学校生活を楽しくて充実したものにするにはどうしたらいいか、という根本に立ち返ることができました。これらは、貴重な体験であり、大変充実した半年でした。今後も学校の挑戦は続きます。若い先生方の柔軟で発想豊かな力が、学校運営には必要になってくることでしょう。

この本には、私が迷いながら決断したこと、管理職試験に奮闘したこと、そして現在、楽しみながら教頭として仕事をしていることを書きました。この本を読んで、教育や学校、子供や授業を愛する方が管理職になってくれることを望んでいます。担任がいやになったからとか、肩書きが欲しいからではなく、学級担任を惜しみながら管理職になったという方が、現場では望まれているのです。もちろん、この本は女性だけでなく、ぜひ男性の方にもお読みいただきたい内容になっています。

さあ、あなたも管理職の道を歩みませんか。

令和2年8月　藤木美智代

女性管理職という生き方 ～なんて楽しい教頭職～

目次

第1章　考えたこともなかった管理職への道

1. ある問い「管理職を目指しませんか?」

考えもしなかった二者択一

大学卒業後すぐの4月、私は夢だった小学校の教諭として採用され、いきなり3年生の学級担任を任されることになりました。

教員人生の折り返し地点で二者択一を迫られる

それから20年余りが経ち、40代、いわゆる「ベテラン」と呼ばれるようになった頃、「中堅教員研修」という研修を受けるように管理職から言われました。その中で、ライフワークセミナー、つまりこれからの自分の生き方や進む道を考えるという講座がありました。

そこで、ある問いかけがありました。問われるまで、考えもしなかった問いかけでした。それは、

「これから先の教員人生をどうしていくのか。」

という問いかけでした。教員人生も折り返しを迎えるとき、道は二手に分かれていくというのです。つまり、それ

は、「このまま学級担任を全うする」のか、あるいは「管理職として学校経営に携わったり、市の教育全体に貢献したりする道へ進む」のか、という二者択一です。

それは、まだ私が学級担任を全うするのが当然だと思っていた頃のことでした。

どんな形で訪れるかは人それぞれ

私は、研修会でこの選択を考えさせられることになりましたが、人によっては、違う形でこの選択を余儀なくさせられることがあります。

例えば、現場からいきなり教育委員会への異動を告げられる場合。例えば、校内人事において担任から教務主任を任命される場合。どちらも一応、本人の意志を聞いてくれるとは思いますが、相当の理由がなければ断ることはできないでしょう。断ったときには、「断った」という事実がずっとついて回ることになりかねません。前者は校長の顔を潰すことになりますし、後者は校内事情に協力できないというレッテルを貼られることになるからです。「人事はひとごと」と言われますが、その流れに乗るのが大抵です。

ここ数年、私の周りにもこの経験をした若い先生方がたくさんいます。定期異動ならまだしも、まだまだこの学校でやっていきたいと思っていたのに、教育委員会への異動を命じられた先生。その分野の専門ではないけれど、青少年センターや児童相談所などに勤務が決定した先生。まだ学級担任をするつもりだったのに、クラスを持たない校内のリーダー的存在である教務主任にならないかと声を掛けられた先生。いずれにせよ、選ばれし人材ではありますが、すぐには受け入れられない宣告です。

これからの若い先生方は、少し担任をやっただけで、すぐに教育委員会などの行政からお呼びがかかったり、教職員のリーダー的な立場である教務主任を任命されたりする方が多くなるはずです。なぜなら、本来、そうなるべき40代が少ないからです。もう30代になれば、担任を離れざるを得ない先生が増えているのが現状です。学級担任を10年も経験していない場合さえあります。実際、以前の勤務校に、10年目研修を受けつつ、教務主任をしている先生がいました。

教育委員会に異動すると、次は管理職への道が続いています。教務主任もゆくゆくは管理職へ進む道が用意されています。そういう流れに乗るのが妥当なのです。もちろん、断ることもできますし、学級担任に戻して欲しいという希望も訴えることはできます。

もちろん、いくら流れが用意されていると言っても、管理職に向かう道には選考試験があって、それをパスしなければなれないのですが。

そう言えば、管理職の道を閉ざしたことがあった

実は、私は、30代のはじめに、1年間だけ行政に務めたことがありました。思えばそれも管理職への流れに値するものでした。県教育委員会から文部省（当時）に、1年間の出向を命じられたのです。

その頃は、「何事も経験」と思っていましたから、「はい、わかりました。頑張ります。」と即答しました。勤務は「初等中等教育局幼稚園課」。そこでは、国全体の教育について、どのような調査がどのように行われるのか、これからの施策がどのように策定されていくのかを垣間見ることができました。日本中の県教育委員会の方が一堂に会する会議の準備をしたり、各県の教育現場の視察に随行したりするのが仕事でした。

大変興味深い仕事ではありましたが、いつも心の中では、「早く1年が終わらないかな。また学校現場で子供たちと過ごしたい。授業や行事が懐かしい。」と思いながらの務めでした。ところが1年後、私の帰る場所は学校ではない、県教育委員会だというのです。私はてっきり1年後には、学校に戻れるものだと思っていました。そこで私がとった行動は、市の教育長への直談判です。

「私は、1年間の出向ということで務めてきました。1年後に県の教育委員会に勤めるとは聞いていませんでした。どこでもいいです、とにかく学校現場に戻してください。」と。この願いは届けられ、私はそれまで務めていた市に学級担任として戻ることができたのです。

この話を聞いた文部省の人たちは、こう言いました。

「そのまま県教育委員会に勤めていれば、教頭、校長へなれる折角のチャンスだったのに、もったいないことをしましたね。」

と。そういうことだったのか、と今さらながらに思います。私にも「違った形」での分かれ道があったのです。30代そこそこの私は、何が何でも学級担任に戻りたかったのです。子供と過ごす学校が恋しくてたまらなかったのです。迷うことなく、管理職へ続く道を閉ざしていました。

管理職になる気はありません! 私は生涯一担任

さて、話を戻します。中堅教員研修会での二者択一です。

30代から40代にかけて、私は学級経営が楽しくて、また、やっと力が付いてきた頃でしたので、学級担任以外の仕事には目もくれずに働きました。当時の私の出した答えは、当然「生涯一担任」、「このまま学級担任を全うする」という答えでした。

全く管理職になる気はありませんでした。「この仕事は誰にも譲れない。次に生まれても同じ仕事を選ぶ。もしもあと1年の命と言われても最後の日まで教師でいたい。これぞ私の天職だ！」とおこがましくも思っていましたから。

だいたい、先生になりたいと思って受けた教員採用試験です。管理職になりたくて受けたわけではありません。「そもそも管理職って、何が楽しいのだろう。きっと肩書きが欲しい人が管理職になるのだろう。あるいは管理職手当（このときは知りませんでしたが、ほんの少しです！）が目的なのか。」そんな馬鹿げたことを当時の私は考えていました。なぜなら、「忙しい、忙しい。」と言いながらつまらなそうにしている管理職や、偉そうに踏ん反り返って権力を振りかざしている管理職を何人も見てきたものですから。

今、思えば小憎らしい若造でした……。

管理職の妻は肩たたき

私が20代の頃（平成が始まった頃）、少子化の影響で、教員の絶対数が縮小されていました。子供の数が年々減少するので、退職する人数分の人数を採用することができないのです。それどころか、現役の誰かを辞めさせなければ担任が余ってしまうということになっていました。新規採用は十数年間ゼロに近い人数でした。私の勤務するF市においては、十数年間務めても、後輩は市でたったの2、3人。そんなわけで私は、採用から12年の間、ずっと校内で一番の下っ端でした。

現役の誰かを辞めさせようとなったときに、白羽の矢は、旦那さんが校長先生である女性教諭に向けられました。いわゆる「肩たたき」が行われたのです。つまりは早期退職の奨励です。私の尊敬する女性の先生にも、ご主人が校長だからという理由で、早期退職を強いられた方がいらっしゃいました。本当に残念でした。

私の主人も管理職への道を選んだものですから、私にも「そろそろ辞めないか。」という話が来るかもしれないという危機感がありました。どんなにレッテルを貼られようと、絶対に「ＹＥＳ」とは言わないという覚悟を決めていましたが。そんな時代ですから、夫婦で管理職を目指すということは考えられない時代でもありました。

2. 気づき のりのりの学級担任だったが……

休日にはセミナーで学ぶ

「学級担任一筋」と決めていた私は、30代から40代にかけて、学級経営力、授業力を高めようと必死に学びました。

教育書を読み、校内のすぐれた実践を見て学ぶだけでなく、休日には各地で行われているいろいろなセミナーに参加しました。新幹線や飛行機に乗ってでも、聞きたい先生が登壇するセミナーに出向くこともありました。本を執筆された先生のお話を生で聞かせていただくことで、本を読んだだけでは伝わらないことをたくさん学び取ることができました。

さらに、学んだことを学級で取り入れて実践してみることで、子供たちは生き生きと学ぶようになり、私は担任としての自信や満足感を味わえるようになっていました。

学び続けていると、何度も同じセミナーで出会う仲間が増えました。メーリングリスト（グループメール）でつながることができ、同じテーマについて意見を交わしたり、お互いの実践をシェアし合ったりしました。

私にも執筆依頼、講師依頼がくるようになった

セミナーの後、アンケートに感想を書いたり、懇親会に参加したりしていると、執筆をしている先生方や出版社の方と知り合うことができます。そして時々、私にも「原稿を書いてみませんか？」「ちょっと実践を皆さんに話してもらえませんか？」というオファーをいただけるようになりました。インプットだけでなくアウトプットの機会も訪れるようになったのです。

40代後半にさしかかった頃には、学級経営、国語、道徳、保護者対応など、たくさんのオファーをいただくことができるようになりました。次第に、書くために実践し、話すために記録をとるようになりました。それがまた、自分の学級経営や授業研究に生かされ、自分の力となっていったのです。

そして、こういうことが若い先生方や、困っている先生方の役に立ち、少しは教育界へ貢献できているのかなと考えるようになりました。このように、学級担任として職務を果たす一方

で、若い先生方を助け励まし、育てる任務もあることに気づかされていったのでした。

サークル活動「まなびや」を始めた

月に1回の「まなびや」というサークル活動を始めたのもこの頃です。サークル活動とは、それぞれが実践したことや学級便り、指導案などを持ち寄り、お互いにシェアをするという自主的な活動です。校内だけでなく市内の小学校の先生方に声をかけ、勤務時間後、金曜の夜に、公民館やときにはファミレスに集まります。サークルは、いろいろなネタやアイディアがもらえる場であり、あるいは悩み事の相談ができる場であり、ときには不平、不満、愚痴を吐き出す場でもある、そんな活動です。

実は、私も若かりし頃、先輩方の主催するサークル活動でいろいろなことを学び、育てられてきたのです。ですから、若い先生方が悩んで、困って力尽きないように、仲間を作って支え合っていく場を提供したのです。

素敵な仲間はみな学級担任

今では、メーリングリストがフェイスブックに替わり、今まで以上に多くの先生方とネット上で会話ができるようになりました。日本中の学級担任の先生方の実践を、画像や動画を通して知ることができますし、熱い文章で書かれた考え方、在り方を読むことができます。フェイスブックで垣間見るすぐれた実践家は、本を書いたり、全国で登壇したりしながら、学級担任を貫いています。そういう姿を見ると、私もやっぱり担任の仕事は奥が深く、苦労はあっても充実していますから、学級担任でいたい、もっと技を磨きたいという思いが強くなります。

もはや学級だけを見ている年齢ではなくなった

50代近くになると、一担任であっても、その役割に重みが増してきます。校内では、学年主任の役は当たり前に回ってきます。私の場合は、研究主任も兼務しました。また、校内の仕事だけではなく、市全体に関わる仕事や、県から依頼される仕事などがあり、もはや学級だけを見ているわけにはいかなくなります。そういう年齢になったということです。どうしても指導的立場、リーダー的立場で仕事をすることが多くなってくるのです。

3. 迷い 恩送りのために

学年主任として学年を育てる

学年主任になると、学年の先生方に自分の実践を紹介し、一緒に実践していくという役割が生じます。自分一人では取り組めなかったことも、学年主任になれば、学年全員でやっていくように導くことができます。学級を取っ払い、学年全体を育てるという視点に立つことになります。

自分の学級でなくとも、同じ学年内で起きる子供同士のトラブルや、保護者からの相談や苦情に立ち会う機会が増えます。同じ学年の先生のミスは、学年主任の責任とも言えます。日頃から、学年全体に注意を払わなければなりません。自分の学級を片手間に、若い先生の学級を育てることに時間や労力を取られることもしばしばです。

それでいて、学級編成では、特別な支援を要する子、いわゆる大変な子、うるさい保護者などが学年主任の学級に集められます。そんな自分の学級をきちんと経営できなければ、他の学級にまで目を配ることもできません。学級経営はもとより学年経営を意識しなければならないのです。

また、学年主任の中でも校内で一番年が上になると、他の学年主任からの相談も受けるようになります。もはや、自分の学年だけを見ているわけにはいかなくなります。こうなるともう、学校全体を考えなくてはならないお年頃です。学級・学年だけを見ている年齢ではなくなったのだと実感しました。

研究主任として学校全体を動かす

私が40代後半に勤務したK小学校は、国語の研究校であり、私はそこで研究主任を拝命されました。そして、なんと国語科教育研究会全国大会がK小学校を会場に行われることになりました。学校あげての国語の研究を推し進める仕事がのしかかってきました。K小学校の国語の授業を全

若手にアドバイスを求められることもしばしば

国の先生方に呼びかけて公開し、これまでの研究についてプレゼンするという一大イベントです。研究主任ともなれば、すべての学年に携わり、教材研究や指導案を一緒に検討していかなければなりません。短歌・俳句作りや百人一首、詩歌の音読集会など全校で取り組むことを提案したり、授業の進め方や学習のルール作り、研究主題や目指す子供像、そのための具体的方策を打ち出したり、教室環境から校内の掲示物を見直したりと、学校全体に関わる仕事を任されました。

大変な責任のある仕事でしたが、学校全体を動かすということに、やりがいや達成感を覚えたのは確かです。市の教育委員会指導課の先生方や、全体講師をお願いした大学の教授、各学年の講師陣と関わる機会も多くなりました。役得で、とても勉強になった1年でした。

このときもやはり、学校全体を考えなくてはならないと自覚し、学級・学年だけを見ている場合ではなかったのです。学級から、学年、学校と視野を広げる、それが教員の成長であり、「恩送り」なのです。誰かがやらなければ、教育は滞ります。誰かと言えば、それはそれ相応の年齢とキャリアを積んだ者なのです。いつまでも学級担任一筋と言っているのは、むしろ我が儘とも捉えられかねません。任されたら、学級をさしおいてでも、学年のため、学校のために尽力すること。それが年を重ねた者の宿命です。

国語部会部長となって市に貢献する

小学校は全科の指導をしますが、その中でも自分の研究科目を決め、研究・研修をすることになっており、F市は月に1度の研究会を行っています。国語の全国公開研究会の会場校になったときに研究主任をしていたこともあって、私は、国語部会の部長となりました。

今度は、全市の国語科教育に関わる責任ある仕事です。市内の先生方や市教育委員会指導課の先生方との関わりも多くなりました。また、役柄もあって、市内で国語を校内研究のテーマにしている学校からの講師依頼も数多くいただけるようになりました。

「恩送り」をするということ

根底には学級担任であることは間違いないのですが、このように仕事の幅が広くなっていくことはしかたがないのです。今まで、先輩の先生方がやってきたことを、その方達が退職したら次の世代が担わなければならないからです。

1年生を受け持ったとき、こんな話を学級だよりに書いたことがあります。

「6年生のお兄さん、お姉さんがみんなのお世話をしてくれますね。ありがたいですね。大きくなったら、恩返しをしたいでしょう。でも、その頃は6年生のお兄さん、お姉さんは、もう小学校にはいないのです。だから、今度はみんなが6年生になったときに、恩返しの代わりに1年生のお世話をしてあげるのですよ。それを『恩送り』というのです。」

今まで指導していただいたことを、次世代の先生方に伝える仕事、これも年相応に回ってきます。受けて立つことがまさに「恩送り」なのです。「恩送り」の究極は、管理職になって人材を育成することになるでしょう。私の中に、「管理職を目指してみようか」という迷いが生じてきました。若い先生方を育てるには、同僚であるよりも、管理職という立場である方がやりやすいのではないかと思うようになりました。

次世代への『恩送り』を考える

しかし、まだもやもやとしていて、この頃は、本気で管理職になりたいとは思っていなかったのです。あの問いかけ、「管理職を目指しませんか？」の答えをどこかで避けていたのです。

4. きっかけ　管理職の先生に憧れる

そんなときに出会ってしまった憧れの管理職

もはや学級だけを見ている年齢ではなくなったと思い始めたK小学校時代に、尊敬できる管理職の先生に出会いました。初めて管理職の先生に憧れました。こんな校長先生になりたい！と思ったのです。K小学校を建て直したM校長先生（女性）と、ともに全国公開研究会を乗り越えたK校長先生（男性）です。私が「管理職になってみたい」と思い始めたきっかけは、この二人の校長先生との出逢いだったのです。

【M校長先生（女性）】

K小学校は、私が赴任する以前、とても荒れていたそうです。それを立て直したのがM校長先生。まずは、職員が一丸となって立て直しを図らなければならないということで「共通行動」を徹底したそうです。すべての教師が、すべての子供たちに、同じ価値観で、同じ指導をすること、これが「共通行動」。他のクラスの子供に対しても、指導すべきときに指導すべき

尊敬できる管理職の先生との出会い

ことを指導することで学校全体を整えようという取り組みです。

①朝運動……生活のリズムを整えるため、朝の8時から10分間の運動をさせます。運動をするために朝早く起き、朝ご飯を食べる習慣が身に付きます。早く起きるためには早く寝なければなりません。「早寝、早起き、朝ご飯」のサイクルが、朝運動を通して確立されていきました。

②黙動掃除……「環境が人を作る」と言います。掃除に集中するために、黙って掃除をさせます。毎日のことですから、いちいち話す必要はないのです。自分の持ち場が早く終わったら、まだ終わっていないところを手伝ったり、ふだんできないところを見つけてきれいにするというルールにします。自分で決めて、自分で動くのです。

③道徳授業の徹底……今でこそ道徳が教科化され授業の徹底が図られていますが、当時まだ教科化されていない時分から、いじめの未然防止のために週1時間の道徳が徹底されました。火曜日の1時間目が、全校で道徳を行う時間。校長先生自ら見回り、道徳がきちんと行われているかのチェックをされました。

M校長先生は、服装や言葉遣い、提出物、整理整頓などに厳しい方です。職員室に校長先生が入って来られると、ぴりっとした空気が流れます。それは、私にとっては、居心地の良い風でした。職員は皆、襟元を正され、気合いが入り、教師であることを自覚させられるのです。

それは、M校長先生がただ厳しいだけではないことを知っているからでした。一人一人の先生方を大切に思ってくださることも伝わっていました。

学級に悩みを抱えていた若い先生が、実家に帰ってしまい学校に来られなくなったときに、親身になって電話で話を聞き、ときには実家を尋ねたと聞いています。今では、その先生は力をつけ立派に仕事を続けています。

また、行事ごとにそのクラスの良かったところを手紙に書いてくださいました。学期ごとにも手紙がきます。校長先生から、一人一人への所見が渡されるのです。退職されるときも、それぞれに見合う言葉を筆で書いた栞をいただきました。

東日本大震災が起きたとき、職員も子供たちも全員が校庭に避難しましたが、M校長先生だけは職員室に留まりました。余震が起きる中、情報を得たり、放送で指示を出したりされました。その姿が、動ずることなく毅然としていて、まるで遭難した船に最後まで留まる船長を思わせました。その日、

「学校が避難所になるかもしれません。まだ保護者が迎えに来ていない子供もいます。ですから、時間の許す職員は残って欲しい。協力をお願いします。」

という校長からの言葉に、何人もの職員が名のりを上げ、一夜を職員室で過ごしました。

私もクラスのことで悩んでいたときに、「みんなから好かれなくてもいい。けれど誰からも嫌われないようにすること。」という示唆をいただきました。媚びへつらって好かれたいと思わなくてもいいけれど、一人一人の思いを大切にすることでみんながついてくるはずだということを話してくださいました。まさに、M校長先生の生き方を表している言葉でした。

私たち職員は、見守られ大切にされていることを感じ、そして、この校長先生の言うことなら聞こうという気持ちを誰もが持っていたのだと思います。

【K校長先生（男性）】

M校長の次に着任されたのがK校長先生でした。M校長先生が、子供たちに奨励していた挨拶は、立ち止まって頭を下げて「おはようございます。」と言う挨拶だったのに対し、K校長先生はハイタッチ。私は、最初それを見て嘆かわしく思っていました。校長室のドアには、「校長先生、絶好調。」という紙が貼ってあったり、「今日は校長先生の誕生日です。手作りプレゼント募集中。」という紙が貼ってあったりするのです。

今、思えば、それは子供たちとの距離を縮め、子供たちとコミュニケーションをとる術だったのだと分かります。しかし、当時は私も未熟でした。「なんだかちゃらちゃらしているけど、大丈夫か……。」「やっと立て直しができて落ち着いた学校になったのに、乱れるのではないか……。」そんな不安を抱えていました。

そんな中で、我が校が国語の全国公開研究会の会場になるという話が舞い込みました。K校長先生は、きっぱりと言いました。

「来年度、全国公開の会場になりました。皆さんに授業を展開していただきます。受けて立つという方は残ってください。いやだなと思う方はどうぞ異動希望を出してください。ご家庭の都合もあるでしょう。」

と。実にストレート。回りくどい言い方はせず、やる気のある先生方を奮い立たせ、そうではない先生方の逃げ道を作ってあげているのです。お互いのためです。去っていった職員の枠に、他の学校からやる気のある先生方が集められました。戦略は人事から始まりました。

全国公開の準備は、とても細かい仕事がたくさんありました。私は研究主任として、校内の先生方の授業の相談にのったり、指導案を見たりする仕事が主でしたが、校長先生は外部との交渉や会議、用意しなければならない書類や会計など、私たち職員の知らないところで尽力されていました。しかし、そんなに大変であることを顔には出さず、いつも冗談を言っては笑っていました。きっと、水面下で人知れず努力をされていたのでしょう。

忙しさを見せない。その在り方がとてもかっこいいと憧れました。忙しくしていたら、なかなか相談しづらいですが、安心していつでも相談できる雰囲気をわざと作ってくれているのだと、後から知ることができました。若い先生方が、いろいろな相談事で校長室を訪れては、明るい表情で出てくる様子を何度も目にしたからです。

私もクラスの状態が良くないときに、相談に行きました。反抗的で協力的ではない男子と、それに手を焼く女子が数人いて、クラスが乱れ、授業が思うように進まない状態だったのです。

K校長は、男子を校長室に呼び、こんな話をしました。

「君たちは、授業を妨害しているね。こういうときに校長先生は、君たちのお母さんを呼んで、わけを話し、君たちを学校に来させないように言うことができるんだ。でも、君たちのお母さんは昼間働いていたり、小さい子の面倒をみたり、家の仕事があったりで忙しいよね。だから校長先生もお母さんをなるべく呼びたくない。君たちはどうかな。これから君たちがきちんと授業を受けると約束してくれるのなら、お母さん方を呼ぶ必要はないのだけれど。」

と。もちろん子供たちもお母さんを呼びつけられたくないので、きちんと授業を受けると約束し、その後は落ち着いた学級を取り戻すことができたのです。

校長先生が明るく楽しくしていると、職員室も明るく楽しくなり、仕事に対しても前向きで意欲的になるものです。それは子供たちに対しても、保護者に対しても、地域の方に対しても同じでした。学校に来ると楽しい。こういう学校経営もあるのだと知ることができました。

また、K校長先生はとても話が上手でした。内容も素晴らしく、私は、朝会の後にはメモをしたり、ときには原稿を頂いたりしました。いろいろな話を、具体的なエピソードを加えながら、ときには音楽を流したり、先生方に演技をさせたりしながら、全校朝会で子供たちに話していました。ふだんから、子供たちとコミュニケーションをとっているだけに、子供たちの心にすっと入っていくのでしょう。前述のM校長とはまた違った魅力を感じさせられました。

若い頃にも出会っていた素敵な管理職

校長先生に憧れるという「アハ体験」[※1]を得てから、今まで仕えた管理職の先生方を思い返してみました。そういえば、何人もの素敵な管理職の先生に出会っていました。たくさんの管理職の先生にお世話になっていました。紹介させていただきます。

【Y教頭先生（女性）】

私が新規採用として、最初に赴任した小学校の教頭先生は、女性でした。初めて学校に赴く日、遅れてはいけないと思い、結構早く家を出た結果、朝の6時半頃に学校に着いてしまいました。そのとき、すでにY教頭先生は出勤していました。

「早い出勤、よい心がけです。」

という言葉が、最初の一言でした。これがよい心がけなのだと教えられた私は、次の日から二十数年間というもの、早い時間の出勤が今でも習慣となっています。

てきぱきと仕事をする傍らで、職員を鍛え、子供たちを育て、学校を活性化させるY教頭先生。「教育とは、夢を語ること。いつか花咲くことを夢見て、種を蒔くのが仕事です。」という教頭先生の言葉によって、私の仕事人生にも、小さな芽が芽生えたと言えます。

私が教師になった頃は、今のように初任者研修が充実していませんでした。明日から担任と言われ、何も分からないまま教壇に立つのです。もともと、人前で話すことが苦手だった私ですから、最初の授業研究は悲惨なもので、「私にはこの仕事は向いていない。」と落ち込みまし

＊1　何かに気づいた、ひらめいた瞬間、そのような体験のこと。

た。しかし、そのとき、教頭先生がそんな私を見捨てずに教え導いてくださいました。それが、私の教師力となり、だからこそ、今でも私は、教師を続けているのだと言えるかもしれません。

また、教頭先生は、私を仕事の後や休日に、いろいろな勉強の場に連れ出してくれました。詩の朗読会だったり、俳句の会だったり、教育講演会だったり。学ぶことの楽しさを知った私は、その後も自ら進んでいろいろなセミナーや講演会に足を運びました。「学ばざるもの、教えるべからず」というスタンスは、50歳を過ぎた今でも変わりません。

【F校長先生(男性)】

担任として脂がのってきた頃に仕えたのがF校長先生。親分肌で頼りがいのある校長先生でした。「やりたいようにやってみなさい。私が責任を取りますから。」ということをよくおっしゃっていました。

時々、校長室から、電話をしている大きな声が聞こえてきました。それは、教育委員会への要望や意見であったようです。教育委員会からの理不尽なお達しに対して、校内の教職員のために戦ってくれていたと後に学年主任の先生から聞いたことがありました。

ある日、保護者から「毎日の宿題が厳しい。」という苦情がきました。当時、私は毎日見開き

2ページの自学帳を宿題にしていました。その保護者の子は、自学帳だけでなく、ほとんどの課題を提出しません。学力は高いので、できないわけではないのです。そこで私は、休み時間や放課後にしっかりやらせようとムキになっていたのです。そのことをF校長に報告したところ、

「藤木先生は、子供をがんじがらめにしてしまうね。でも、うまくやっている先生は抜くところは抜いているんだな。うまく抜いている先生方のやり方がザルだとしたら、藤木先生のやり方は、ボウル（調理器具）なんだよ。『ま、いいか』というところを作らないから、子供が苦しんでしまうんだ。」

と、おっしゃいました。

「そんな……。私はこんなに一生懸命やっているのに……。」

そのときは、そう思いました。しかし、よくよく考えてみると、私は、「決して手を抜いてはいけない。一人残らず、同じ方向に向かわせなくていけない。」と考えていたのです。そうして、知らぬ間に子供たちを追い込んでいたのです。そのことをF校長先生は気づかせてくださったのでした。

教育実習生を受け持ったとき、その最後の日には実習生を労うために飲みに連れ出すことがあります。しかし、その日、F校長先生は都合で参加できなくなってしまいました。すると、

「俺のツケでいいから、充分慰労してやってきてくれ。」と言って、出かけてしまいました。私は、美味しいお寿司屋さんでたらふく実習生のご相伴にあずかりました。太っ腹で粋な親分でした。

【T校長先生(男性)】

実際に仕えたことはないのですが、退職されてから出会った、T校長先生。T校長先生は現役時代、学校をあげて「漢字の読み先習」[*2]を実践され、大きな賞を受賞されたことがあります。今でこそ、国語科において俳句や和歌、古文や漢文が履修されるようになりましたが、もう30年も前から授業の中に取り入れ、子供たちに言葉の力を付ける取り組みをされていました。

T校長先生からいただいた、現役時代の保護者向けの学校便り、児童向けの校長便り、職員向けの便りには、教育に関する深い考え方、在り方が書かれていました。学級担任であった私には、特に児童向けの校長便りがとても印象深く、その後の学級経営に大きな示唆を与えてくださいました。退職のとき、校長の授業として全校朝会で語られた校長先生の話を「ももちぐさ」という1冊の冊子にして全校児童にプレゼントされたそうです。それを私にも1冊くださったのです。

「立志（志を立てよ）」
「価値ある選択を（苦しいときは自分が成長するとき）」
「凛と生きよ　耐雪梅花麗（雪に耐えて梅花麗し）」
「積小為大（小を積みて大を為す）」
「稚心を去れ（甘え心を捨てよ）」
「自未得度先度他（おのれ未だ渡るを得ざるに、先に他を渡す）」

等々。毎回の全校朝会の話が、子供たちの心にとても深く染みこんだことでしょう。毎回5分程という校長先生に与えられた時間を「全校に向けての授業」だと考え、練りに練った話をされたことが伺われます。

そんな校長先生に、今もなお毎月第4日曜日に「まほろば教師塾」を開催していただき、教えを頂いています。ここでは、『致知』（致知出版社）という月刊誌をテキストにして、中江藤樹、西郷隆盛、吉田松陰などの先人、それから現代で活躍されている著名な方などの生き方を通して人間はどうあるべきかを学んでいます。また、日本の歴史や現在の世の中について、正

＊2　教育者澤柳政太郎（1865-1927）によって提唱された、漢字の読みを先に習得させた後に書く練習をするという漢字指導法。

しい見方を指し示していただきます。この会ではいつも、自分の甘さやいい加減さを反省させられ、凜と背筋を正され、教育という仕事に真剣に向き合おうと自覚させられ、自分を磨くことができます。

ものは試しに管理職選考を受けてみた

そんな管理職に憧れを抱いた私は、管理職選考会に向けての勉強会に参加してみることにしました。「管理職を目指すためではなく、新しい教育事情や法規を知っておきたいから」という名目で参加を希望しました。教員採用試験以来、教育事情や法規の勉強をしていないので、若い先生方を育てるためには、必要な知識だと思ったのは事実です。

心の中では、「管理職を目指そう」という小さな芽は出ていました。けれどそれを口に出すことは躊躇われました。自分は未熟で、まだそういう器ではないと思っていましたから。それに、もし受かってしまって管理職になったとしても、「降格人事」という制度もあります。いやならいつでも担任に戻れるという安心感もありました。

そして、迎えた選考試験。結果は……。そう、そんなに甘いものではなかったのです。

第2章

やれるならやってみようかと思えてきた管理職という役割

1. 決断　覚悟が必要

3度の不合格　そう甘くはなかった

「女性には甘いから受かりやすいんだよ。」

「名前を書けば受かった人もいるらしい。」

「何か書いておけば大丈夫だって。」

「私も何も勉強してないよ。」


そんな言葉を信じた私が馬鹿でした。管理職には、なりたくてもそう簡単になれるものではないということを痛感しました。「なれたらなるか」くらいの気持ちでは、決してなれないものなのでした。

【ひやかしの1年目】

管理職選考一次は11月の「筆頭」。千葉県は120分間の中で、法規と論文が6本です。

法規はB4用紙1枚に、穴うめ問題あり、法規名とそれが何章何項に書かれているかを問う問題あり、紛らわしい○×問題あり、なんという施策かを書く問題あり。『法規必携』を持ち込んでいいのですが、まずどこに書いてあるのかさえ探せず、ほとんど得点にならずだったと思います。

論文は、Ｂ４用紙２枚（１問１５００文字×２問）を２問、Ａ４用紙４枚（１問１０００文字×４問）の合計６問。法規に20分かけたとしたら、この６問を１００分で書き上げなくてはならないのです。勉強会では、取りあえず埋めること、それから、キーワードを盛り込むことを再三教えていただきましたが、埋めようと思えばキーワードが入らず、キーワードを入れようと思えば文字数が至らず……。とりあえず埋めたものの、字は読めるかどうかの乱雑な文字。

もちろん、受からないだろうと思っていたのです。ところが、なんと一次はパスしました。そこでやっぱり、どうってことないと高をくくっていた私。

「二次で落ちる人はいないよ。」

「はったり、はったり。それっぽく話せば、どうにかなるって。」

そんな話を真に受け、12月の二次試験「面接」まで、何もすることなく、日々の仕事に勤しんでいました。

面接は、教育情勢や法規を問うものが半分、志願理由や教頭としての展望を語るものが半分。

やっぱり、法規の勉強が足りませんでした。最初の問いに答えられず、しどろもどろとなってから、後はどんなことを聞かれたか覚えていないという始末。結果は不合格でした。

ま、いっか。ためしに受けただけだし……。

【なめていた2年目】

1年目に一次論文、法規はパスし、二次の面接で落とされた私。論文、法規なら、大丈夫。2年目は、二次試験の面接を頑張ろうと思って望んだ管理職選考でした。

ところが、なんと一次で落とされました（笑）。実にあっけなく。前年に、きちんと書けなかった論文、ほとんど解けなかった法規。けれど、一次はパスしたものだから完全になめていました。2年目は、二次試験までこぎ着けることができなかったのです。

やはり、甘かったのです。努力不足……。

でも、この年、一発で合格した方がいました。担任時代に、積み重ねた功績がある方は受かりやすいのでしょうか。例えば、長期研修を経験された方々、県教委や文部科学省から表彰を受けた方々は早々に合格されていきます。教育委員会から推薦された方や、身内に管理職の方がいる方は、なりやすいという噂もあります。そういう方は有利なのでしょうか。

私には、そういう有利な条件がないから受からないのだろうか。そう思うことができたら楽ですが、実際そんなことはないと思います。いじけていてはいけないのです。やっかんではいけません。でも、あの頃は、いじけていましたね。かなりやっかんでいました。

どうせ受ける前から、受かる人は決まっているんでしょ……って。

【腑に落ちない3年目】

3回目の挑戦。この年は、随分と勉強しました。『法規必携』はインデックスをたくさん貼って、どこに何が書いてあるのかがすぐに分かるようにしました。論文も実際にいくつか書いてみました。後半は時間を計って、早く書く練習もしました。管理職になっている夫に面接官になってもらい、いろいろな質問を出してもらうということもしました。

これだけやったのですが、論文はあまりかけませんでした。論文に時間をかけすぎで法規の問題を解く時間がありませんでした。もう、いやになっていましたが、戻ってきた結果は、なんと一次突破。やっと、私にもお鉢が回ってきたか。今年こそ！

と、思ったのも束の間。二次の面接は、上手くいったと思ったのに、最終的に不合格。一次はダメだと思ったのにパスし、二次は上手くいったと思ったのに不合格。全く腑に落ちない結果でした。努力しても無駄。受かると思っても不合格。二次で落とされるってことは、私の何がダメなのか。器ではないということか。それとも過去に何かやらかしているか。

次にまた受けようという意欲がそがれました。

「もう受験はやめよう。私には、担任が合っているのかもしれない。」

と、このときに思いました。

ある管理職の先生からの一言

さすがに4度目の受験をするかどうか、迷いました。受けてもどうせダメなのだから、試験勉強に費やす時間がもったいないと思いました。その時間を、教材研究や教室環境作りに使った方が有効なのではないか。

そんな折り、フェイスブックでお友達になっていただいている管理職のF先生から、お誕生日のお祝いメッセージをいただきました。そこで、私は思いきって悩みを聞いていただくことにしたのです。

「お祝いメッセージありがとうございます。今日、誕生日に免じて、不躾で申し訳ありません。お聞きしたいことがあります。お時間のあるときにお返事ください。実は、私、管理職試験（教頭）を受けているのですが、３回不合格でした。学級担任も捨て難いお仕事なので、もう受けるのを止めようか、どうしようか、迷っています。F先生は管理職をされていますよね。お仕事はいかがですか。やっていて良かったと思うこと、やりたくないと思ったこと、担任から離れることに迷いはなかったのか、そのあたりのことをお聞かせください。よろしくお願いいたします。」

すると、早速お返事をいただくことができました。

「藤木先生、お訊ねの件、正直、面白くはありません。ただ、私は、受けると決めたときには、プレーヤーからマネージャーになる覚悟を決めていましたから、全く悔いはありませんでした。まあ、覚悟の問題で、迷われているのでしたら止められた方が悔いは残らないと思います。」

「早速のお返事ありがとうございます。迷って管理職になっても、いい仕事はできませんよね。そこが、受からない原因かもしれません。覚悟ができているか、どうかですね。スポーツ選手が監督になるような感じ、分かりやすいです。F先生の職場異動の際の投稿を拝見して、皆さんに支持され、多くの貢献をされておられることを伺い知りました。F先生のように覚悟ができるか、もう少し考えてみます。ご丁寧にありがとうございました。」

こうお返事をした私に、

「藤木先生、一度しかない人生です。どうか悔いの残らないようにだけはしてくださいね。」

と示唆していただきました。

そう、受からないのは「迷い」があるからだったのです。そして、管理職になるという「覚悟」が足りないことに気づかされました。

恩師に頼んだ「私が管理職になりたくなるような手紙をください」

F先生からのご示唆により、悔いのない選択をしようと思いました。

「やらずに後悔するより、やって後悔した方がいい。」

「迷ったら困難な方を選べ。その方が大きな幸せが待っている。」

「たった一度の人生を、たった一人の自分を、本当に生かさなかったら、人間生まれてきたかいがないじゃないか。」

これらは、私が今まで生きてきて選択に迷ったときに指標にしてきた言葉です。もう、私の心は「管理職になる覚悟」に向かいつつありました。しかし、ダメ押しに、私はもう一人の先生に背中をおしていただくことを思いつきました。

私が小学校4年、5年のときの担任であった岡野光芳先生は、校長を務め、すでに退職をされています。40年以上たった今でも年賀状と手紙のやりとりをさせていただいています。私の尊敬する先生で、何かと相談にのっていただいています。そんな岡野先生に「私が管理職になりたくなるような手紙をください。」とお願いしたのです。そうしたら、次のような手紙をいただくことができました。

【岡野先生からの手紙】

拝啓

せみの鳴き声が勢いを増し、酷暑、炎暑の毎日ですが、お変わりなくお過ごしのことと思います。お手紙をいただき、ありがとうございます。全国展開でのご活躍の様子、頼もしく思います。私はあまりの暑さに夏ばて気味です。泳いでいるときが、涼しく一息つける時間です。

さて、管理職試験のことですが、チャンスをもらえる限り受けた方がよいと思います。担任として三十数名の子ども達の成長に喜びを感じるか、数百名の多様性のある子ども達の成長、発達に喜びを感じるか。後者の方にこそ、教師としての大きなやりがいや充足感があると思うからです。

教師は専門職なので、生涯一担任として子ども達を直接指導し、一人ひとりを伸ばすことに全精力を傾けることは、教育の原点であり、尊い教師像だと思います。一方で、多くの教職員を支援、助言、指導し、学校単位で子ども達を育てる管理職には、担任では味わうことができない使命感があります。

私は、微力でしたが、実践、理念を教職員に広めたいという一念で管理職試験に挑戦してきました。管理職のときは、種々の危機管理に追われ、充実感や楽しさなどを持つ余裕はありませんでした。

そんな中でも、私が一番心がけたことは、後進の人材発掘と育成です。いかに優秀な人材を育てるかは、管理職の重要な仕事と思って、任に当たりました。管理職として、何の実践も残せなかった私ですが、退職後、共に悩み苦労したかつての同僚から、毎年のように管理職試験に通った、昇任の内定をもらったという連絡をもらいます。私にとって、唯一管理職としての喜びと思っています。

私は、教頭試験はたまたま一回でパスしましたが、校長職は三回挑戦しました。先輩もよく言っていましたが、選考試験とは言え、何で受かったのか、何で落ちたのか、よくわかりません。受かったのはなり手不足、落ちたのは力量不足と思っています。

経験から、管理職をやってよかったことは、教育に対する見方、考え方、視野を広げることができたこと、もう一つは、人とのつながりが格段に増えたことです。

総理の言葉ではありませんが、挑戦、挑戦、そして挑戦あるのみです。

夏休みを有意義に過ごし、期するべきときに照準を定め、納得できる結果を出されることを心より願っています。

敬具

平成二十八年八月七日

岡野光芳

藤木美智代様

机下

4度目の挑戦

「選考試験とは言え、何で受かったのか、何で落ちたのか、よくわかりません。受かったのはなり手不足、落ちたのは力量不足と思っています。」

この岡野先生の言葉に納得させられました。やっぱり力量不足だったのです。いや、「覚悟不足」と言った方が正しいかもしれません。

ときは、夏休み。選考試験まで3ヶ月。ここから私の猛勉強が始まりました。4度目の試験に挑む決断をしたのです。

2. 奮闘 志を胸に

管理職になりたいわけを考えた

「管理職になる！」

そう決断した私は、自分が管理職になりたいわけを明確にしようと思いました。ただ漠然と

管理職になりたいと思うだけでは、たいした管理職にはなれないだろうと思ったのです。そうして明文化したものが、次の「志」です。

【志】

私は、今までに培ってきた教育実践を、学年や学校全体に広めたいと思う。そして、後世に続く校内や市内の若い先生を育てたいと思う。しかし、一担任でいるかぎり、できることには限界がある。だから、私は、学級担任という仕事を卒業し、もっと視野を広げ、学校という組織を動かす仕事に身を置きたいと思う。学級担任という仕事が好きだけれど、好きなことばかりやっている年齢ではない。子供や先生が生き生きと活動できる学校を作り、子供たちの将来や、先生方の未来に、できるかぎり貢献したいと思う。

志願書に書いたこと

管理職選考を受験するには、７月に志願書を提出します。千葉県の志願書には、「志願の理由及び教頭として取り組みたい具体的な内容」と「上記のために日頃から心がけている実践及び研修の状況」を書きます。私は、次のように書きました。

【志願の理由及び教頭として取り組みたい具体的な内容】

私は、二十九年間の教員生活において、多くの力ある管理職の方に、時に優しく励まされ、時に厳しく指導していただいた。凛とした厳しさの中に、実は温かい心遣いを含み持った女性校長、いつも笑顔で児童や職員を笑わせながら、いざという時に頼れる男性校長など、仕事のやりがいを感じ、職員室が楽しいと思える時、そこには必ず、見守り育ててくださった管理職の存在があった。

中堅として若い教員を育てる立場になった現在、私は、後に続く教員を育てるために役立ちたいと考えるようになった。学級経営で培った力を学校経営に生かし、より多くの児童生徒、職員、家庭や地域、社会に貢献したいと考え、教頭に志願することにした。「教育とは夢を語ること」そう教え導いてくださった、初任の時に出会った教頭先生に恥じないような学校経営を目指したい。

そこで、私が教頭として取り組みたい具体的な内容は次の３点である。

1．「職員室の担任」となり、職員を一つのチームとして組織する。
・目標申告をもとに、個々の職員の持つ力を発揮させ、使命感を持って仕事ができるようにする。
・校長の教育方針のもと、職員が切磋琢磨しながら、協力し励まし合える学年や分掌を組織する。
2．言語活動の充実を図り、言葉によって児童の心を育成する。
・「美しい行いは美しい言葉から生まれる」という信念のもと、言語環境を整え、言葉遣いを正す。
・国語を中心に、他教科、道徳、特別活動等において言語活動を取り入れ、心の耕しを図る。
3．情報発信や啓発活動を通して、家庭・地域・社会に貢献する。
・家庭教育を推進するために、学校だより、ＨＰ等により教育活動を啓発し、理解と協力を仰ぐ。
・学校を拠点に、学校の外へも目を向け、家庭、地域、市や県へ貢献できる活動に参与する。

【上記のために日頃から心がけている実践及び研修の状況】
私が上記のために日頃から心がけている実践及び研修は以下の通りである。

1．学年主任として、「職員室のリーダー」となり、若手教員を育てている。

・いつでも授業を参観可能にし、授業後の板書を見せる等、若手の授業力の向上に努めている。

・職員室では、他学年との会話を心がけ、相談を受けたときは教材や指導法を提供している。

・毎年積み重ねてきた教材研究ノートや学級便り綴りを他学年に貸し、活用してもらっている。

2．国語科研究主任として、全校の言語力の向上をめざしている。

・全学年の指導案作成に携わり、言語活動の充実した国語授業が展開されるよう助言している。

・詩歌の音読発表、俳句や短歌のコンクール、百人一首大会など、全校で取り組むシステムを構築し、全校的に言語習得の向上を図っている。

3．学校以外の場で、これまで培ってきた実践を発信・啓発している。

・千葉県教育研究会F支会国語科の部長や、市内小学校の校内研究の協力員や講師を務め、F市の国語科の推進に貢献している。

・月に一回、市内の若手教員を募り、学級経営や授業実践をシェアする勉強会を開催している。

・休日には若手教員を誘い、教科指導等の研修を受けたり、研修会の講師を務めたりしている。

・教育雑誌等に執筆する依頼を受け、自らの実践や思いを日本各地に発信している。

本格的な受験生

①まずは法規をマスター

教頭選考は、教育法規の問題があります。法規を知らなければ面接にも論文にも太刀打ちできません。まずは法規をマスターすることから、スタートです。

【教育法規集『教育関係職員必携』（第一法規）】

厚さ7㎝もある法規集です。枕にするのに丁度いい位の厚さですから、まずインデックスを貼りました。横には法規名を、上には内容項目を貼って、いつ、どんな問題が出ても、すぐに開ける状態にしました。ほとんど読書するイメージで、読みあさりました。読み進めていくと、なぜかそれが意外と面白く思えるようになりました。我々が先輩や管理職、事務さんから言われてきたことのすべてが、ここに明記されているのです。改めて、そういうことだったのか、という発見がたくさんありました。問題を解き

ながら、蛍光ペンや赤鉛筆でラインを引きながら読むことで、頻繁に出てくる項目や大事なページが分かっていきます。だんだん、どこに何が書いてあるのかも分かるようになります。

【『教育法規便覧』（学陽書房）】

この本は、学校管理のために必要な法規に関する事項が、領域別に分類して書かれています。そして、さらに内容別に小分類され、さらに事項別の見出しがあります。そして、各事項について根拠となる法規が見出しの下に明示されています。

例えば、「学習指導要領」という項目を目次で見つけ、開くと、「学校教育法37，52，74，84，109，129」と書かれています。そこで、先の『教育関係職員必携』で法規を調べると、学習指導要領がどのような法規のもとで扱われているのかが分かるのです。

②夏休みに論文を30本

そして迎えた夏休み。それは、筆頭試験の3ヶ月前になります。この夏は猛勉強をする覚悟で臨みました。年休をできるだけ取り、遊びに行くことを我慢し、勉強の時間に充てました。「じっくり勉強して、一つのテーマについての論文を1日に1本書く」という目標を持ち、実際に30本の論文を書き上げました。千葉県の場合は、一つの論文に1000～1200文字が必要です。用紙の最後まで埋めなくてはならないと言われています。

論文の問題を作るためには、「今、教育界では何が起こっているのか」「文部科学省は、どのような施策に着手しているのか」「千葉県では、何に重きを置いて、市に通達しているのか」を探る必要があります。問題を作ること自体が、とても重要な勉強になりました。以下に、私が自分で考えたいくつかの問題を列記します（平成29年度）。

1　4月に改正された学校図書館法が施行され、学校図書館を活用した読書活動が期待されています。あなたは、教頭として、どのように読書活動を推進しますか。第三次千葉県子どもの読書活動推進計画に触れ、具体的に述べなさい。

2　精神疾患による休職者が増加しており、労働時間の縮減に取り組んでいるところです。あなたは、教頭として、勤務時間管理のためにどのように取り組みますか。「児童生徒と向き合う時間を確保するために」に触れ、具体的に述べなさい。

3　平成28年4月より行われている「教職員の人事評価制度」の目的や変更点について述べなさい。また、教頭として、学校運営にどのように人事評価制度を生かしていくか、これまでの経験をもとに具体的に述べなさい。

4 8／1に出された「次期学習指導要領改訂の方向性」について説明するとともに、教頭として、次期学習指導要領の内容をどのように自校の教育課程に取り入れていくか述べなさい。

5 「カリキュラム・マネジメント」を機能させた学校運営の展開が求められています。考え方を説明し、教頭として、どのように自校において「カリキュラム・マネジメント」を推進するか、これまでの経験をもとに述べなさい。

6 学校は、家庭教育を支え、地域社会と一体になって運営されることが期待されています。あなたは、教頭として、どのように地域と歩む学校作りを推進しますか。学校教育指導の指針を踏まえ、具体的に述べなさい。

7 グローバル化に対応した教育がクローズアップされています。あなたは、教頭として、自校の国際教育の推進をどのように進めますか。学校教育指導の指針の内容に触れながら、具体的に述べなさい。

8 学校における食物アレルギーへの対策は、重要かつ喫緊の課題です。あなたは、教頭として、どのように取り組みますか。アレルギー疾患対策基本法にふれ、具体的な方策を述べなさい。

9 不登校児童生徒の数は依然として増加傾向にあります。あなたは、教頭として、不登校児童生徒への対応をどのように進めますか。現任校の状況を踏まえながら、具体的に述べなさい。

⑩ 障害者差別解消法では、不当な差別的取り扱いを禁止し、合理的配慮を提供することを義務づけました。不当な差別的取り扱いについて説明し、教頭として、合理的配慮の提供をどのように進めますか。具体的に述べなさい。

③土日は6～8時間猛勉強

夏休みが終わってからは、平日に教育法規の暗記、毎週土日には論文の勉強に当てました。平日は1時間取れればいい方です。学級担任という仕事をおざなりにしたくはありませんでした。暗記用ノートを作り、細切れの時間を見つけて暗記しました。

論文は、序論（施策やそれに対する課題）、本論（３本柱）、結論（意思の強さを示す）という形式に沿って書きます。筆頭試験は、１２０分間で論文と法規が出ます。千葉県の場合、最初の60分でＢ４が2枚と法規、次の60分でＡ４が４枚です。法規に30分かけると、一つの論文につき15分で仕上げなければならない計算です。

Ａ６版の暗記用ノート

何も見ないで、すらすらと書けなければ時間がなくなります。何を書こうか、どんな風に書こうかなどと迷ってはいられないのです。どのような課題が出されても、確固たる考えを持って判断できる力が問われるのでしょう。

私の場合は、夏休みに書き上げた論文を、ほぼ暗記するようにしました。序論はどう書くか、本論に書く3本柱は何か、結論には何を書くか、をすぐに書けるようにほぼ暗記しました。

覚えた後は、ひたすら論文を書く練習です。15分のタイマーをかけて、

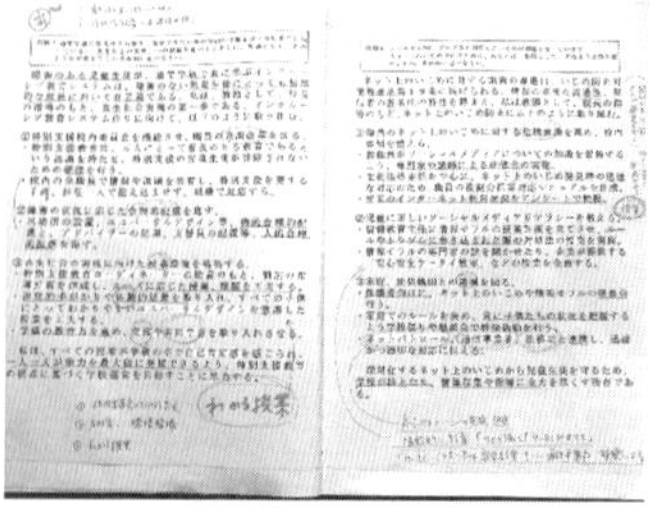

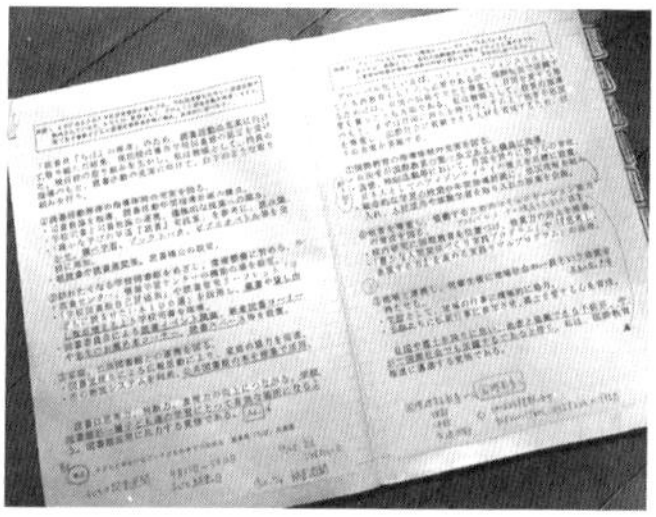

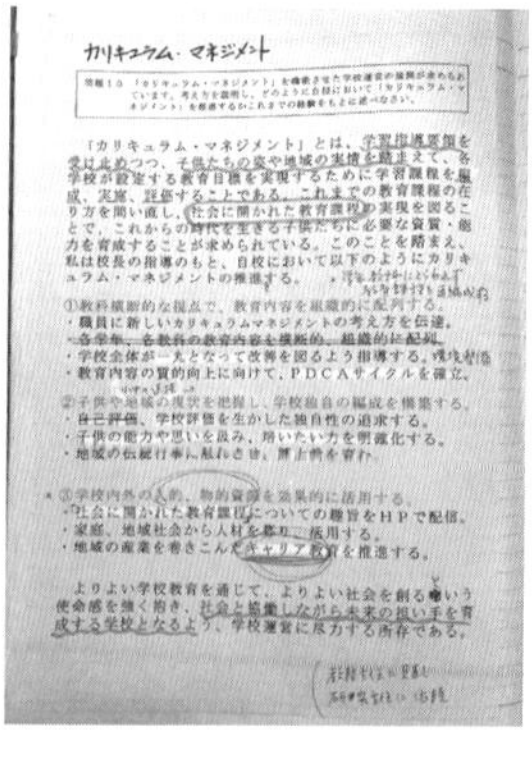
カリキュラム・マネジメント

「カリキュラム・マネジメント」とは、学習指導要領を受け止めつつ、子供たちの姿や地域の実情を踏まえて、各学校が設定する教育目標を実現するために学習課程を編成、実施、評価することである。これまでの教育課程の在り方を問い直し、社会に開かれた教育課程の実現を図ることで、これからの時代を生きる子供たちに必要な資質・能力を育成することが求められている。このことを踏まえ、私は校長の指導のもと、自校において以下のようにカリキュラム・マネジメントの推進する。

①教科横断的な視点で、教育内容を組織的に配列する。
・職員に新しいカリキュラムマネジメントの考え方を伝達。
・各学年、各教科の教育内容を横断的、組織的に配列。
・学校全体が一丸となって改善を図るよう指導する。
・教育内容の質的向上に向けて、PDCAサイクルを確立。

②子供や地域の現状を把握し、学校独自の編成を構築する。
・自己評価、学校評価を生かした独自性の追求する。
・子供の能力や思いを汲み、培いたい力を明確化する。
・地域の伝統行事に触れさせ、郷土愛を育む。

③学校内外の人的、物的資源を効果的に活用する。
・社会に開かれた教育課程についての趣旨をHPで配信。
・家庭、地域社会から人材を募り、活用する。
・地域の産業を巻きこんだキャリア教育を推進する。

よりよい学校教育を通じて、よりよい社会を創るという使命感を強く抱き、社会と協働しながら未来の担い手を育成する学校となるよう、学校運営に尽力する所存である。

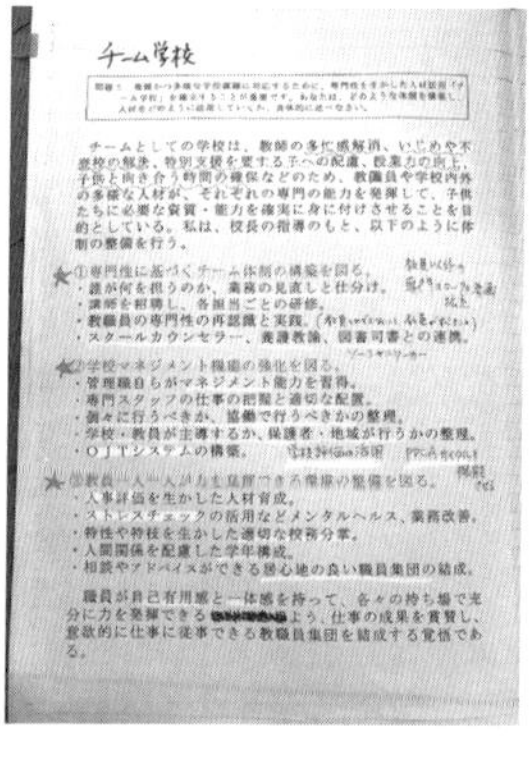
チーム学校

チームとしての学校は、教師の多忙感解消、いじめや不登校の解決、特別支援を要する子への配慮、授業力の向上、子供と向き合う時間の確保などのため、教職員や学校内外の多様な人材が、それぞれの専門の能力を発揮して、子供たちに必要な資質・能力を確実に身に付けさせることを目的としている。私は、校長の指導のもと、以下のように体制の整備を行う。

①専門性に基づくチーム体制の構築を図る。
・誰が何を担うのか、業務の見直しと仕分け。
・講師を招聘し、各担当ごとの研修。
・教職員の専門性の再認識と実践。
・スクールカウンセラー、養護教諭、図書司書との連携。

②学校マネジメント機能の強化を図る。
・管理職自らがマネジメント能力を習得。
・専門スタッフの仕事の把握と適切な配置。
・個々に行うべきか、協働で行うべきかの整理。
・学校・教員が主導するか、保護者・地域が行うかの整理。
・OJTシステムの構築。

③教員一人一人が力を発揮できる環境の整備を図る。
・人事評価を生かした人材育成。
・ストレスチェックの活用などメンタルヘルス、業務改善。
・特性や特技を生かした適切な校務分掌。
・人間関係を配慮した学年構成。
・相談やアドバイスができる居心地の良い職員集団の結成。

職員が自己有用感と一体感を持って、各々の持ち場で充分に力を発揮できる[redacted]よう、仕事の成果を賞賛し、意欲的に仕事に従事できる教職員集団を結成する覚悟である。

書く練習をしました。最初は、自分で書いた論文を見ながら書きます。見ながらでも、15分間で用紙を埋めるのには結構なスピードが必要です。手は腱鞘炎になるほどです。これを30問全部行いました。

次に、３本柱だけ見て書きます。もちろん15分のタイマーをかけてです。３本柱の内容を覚えていないとなかなか筆が進みません。ちょっとでも迷っていると時間はすぐに来てしまいます。15分で書き上げられるまで、何度も同じ問題に挑戦しました。

そしていよいよ、何も見ないで書く練習です。15分たったら、答え合わせをします。夏休みに自分で書いた論文を見て、書けなかったところを赤で補い、ほぼ直すことがなくなるまで何度も繰り返しました。予想30問のどれが出ても用紙を埋められるという段階まで、論文をほぼ暗記し直すということを繰り返しました。

休日には、自分に厳しく、スケジュール管理をしました。普段の学校での授業が45分なので、勉強も45分集中したら15分休憩。これを午前中に３回、夕飯まで４～５回、夜に２～３回、行いました。

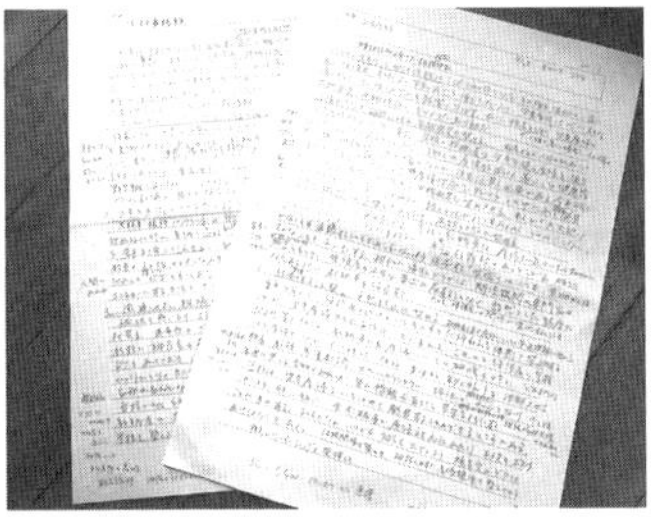

これで、1日に6時間から8時間の勉強時間を生み出すようにしました。

④1ヶ月前には定時退勤

普段は、学校に20時、21時までいるのですが、1ヶ月前にはさっさと帰って勉強しようと決意しました。定時退勤時刻は16時45分です。忙しい日も、できるだけ、5時台には帰ることを目指しました。

家族にも1ヶ月間は家事を放棄することを宣言し、認めてもらいました。感謝の一言です。ご飯は作ってもらう。洗い物もしてもらう。洗濯物をたたむ暇はない。埃は見えないことにする。家族に甘え、自分に厳しい、こんな1ヶ月を過ごしたことが今まであったでしょうか。それくらい、ひたすら勉強しました。

4度目の正直

そんな受験勉強の甲斐があって、4度目の受験は、一次合格、二次合格！ 2月のとある日、校長室に呼ばれ、校長先生から、

「管理職選考、合格でした。」

という言葉を聞いたとき、思わず大きな声で、

「やった！」

と叫んでいました。やっと肩の荷が下りました。そんな私に、校長先生は、

「とりあえず教頭候補に登載されたということです。今後、不祥事等、信用失墜行為を起こしてしまったら、登載名簿から削除されます。気を引き締めて生活をするように。」

と言われました。肩の荷を下ろして、気を緩めないようにするための助言でした。

これはゴールではない。スタートなのです。とりあえず教頭候補に登載されたということでしかありません。めでたく着任の声がかかるまでに、残された日々で、できることをしておこうと思いました。

3. 準備 着任までにやれること

教頭を観察する

合格を頂いたのが2月。残された2ヶ月で、学級担任という仕事をしながら、教頭となるための準備をしようと思いました。しかし、日頃の仕事をおろそかにするわけにはいきません。人生最後の学級担任という仕事に「悔い無し」と言えるように全力を尽くして終わらせたい。そして、学級担任という仕事を全うしながら、できることをしようと思いました。

まずは、教頭を観察することです。日頃は何をしているのか、行事のあるときにはどうしているのか、児童にはどのように接しているのか。何か問題が起きたとき、どのような対応をしているか。私だったらどうするか。観察していると、学ぶべきことがたくさんありました。

・朝は早い。7時前に学校に来ていて、校内の見回りをしている。ゴミがあったら拾ったり危ないところがあったら直したりして、校内の環境整備をしてくださっている。

・休みや出張の先生の替わりに補教に入るときは、いやな顔をせず、むしろ楽しそうに引き受けてくださる。安心して、補教をお願いできる。
・放課後、校内の見回りの際、「最近どう?」等と話しかけてくださる。わざわざこちらから相談するほどのことでもないと思っていることも、聞かれれば話しやすい。
・行事の際は、保護者や地域の方とのコミュニケーションを大切にされている。にこやかに、おしゃべりを楽しんでいる様子。学校の良いところを伝えてくださっている。
・休み時間には、校庭を眺め、子供たちを見守ってくださる。
・支援の必要な子の名前と顔を覚え、担任を支えてくださる。支援の必要な子に慕われている。
・アレルギー反応を起こした児童が担任と職員室に来たとき、担任がおどおどしていると、「担任が心配している様子を見せてはいけない。子供を安心させてあげなさい。」と小声で指導し、「大丈夫だよ。安心していいよ。」と児童に声かけをしてくださった。

教頭の様子を日々観察する

よくよく観察をしていると、担任では気づかないことを、担任のためにやってくださっていることがたくさんあることが分かりました。有り難く、感謝されるべきことを、ひけらかさずに行っていらっしゃることが分かります。

かつて教頭職を経験された先生にインタビューする

自分の勤務する学校の教頭だけでなく、かつて教頭職をされた先生方にもお話を聞こうと思いました。

「どうして教頭になったのですか?」「教頭職は楽しかったですか?」「教頭として心がけていたことは何ですか?」等の質問をしながら、実践を話していただきました。

【どうして教頭になったのですか?】

・もちろん校長になるため。教頭にならなければ、校長になれないから。
・学校を動かすということは、学級を動かすことよりスケールが大きい。それだけやりがいがある仕事であるから。
・声をかけられたから。それだけ期待してもらっていると感じたから。
・若い人に譲れなかった。自分より若い人の下で働くより、自分が上に立って若い先生を指導しなくてはと考えた。

【教頭職は楽しかったですか？】

・楽しいとは言えないけれど、充実感、達成感は大きかった。校長になるための修行と言える。
・教頭職は楽しい。子供とも先生方とも地域の方とも接することができるから。
・いろいろな立場の多くの人に応えなければならないという重圧感はあるが、応えられたと実感できたときは楽しいと思えた。
・立場的に正しいと思ったことを言えるところがいい。責任は伴うけれど。

【教頭として心がけていたことは何ですか？】

・校長の言動を見て学ぶこと。自分だったらどうするか、常に考えていた。
・出張などで外に出たら、必ず先生方にお土産を買って帰った。お団子、ドーナツ、ケーキなど。「気配り、目配り、おやつ配り」。これは先生方とのコミュニケーションだと考える。
・校長を立てるために、自分は黒子に徹すること。でも、実際は教頭の働きがものをいう場面が多いので、一人、密かにガッツポーズをするような、地道な仕事。縁の下の力持ちに徹する。

・とにかく、やるべきことをやっていく。やったことは目立たないけれど、やらなかったことは目立つ。そういう仕事であることを自覚する。

そういえば我が家にも一人、教頭職の男がいました。それは夫……(笑)。同じ質問をすると、本音が聞けちゃいました。

「校長になりたいからね。教頭は辛いよ。保護者からのクレームがこじれたら夜遅くまで話し合いが続く。納得してもらえるまで帰れないからね。土日でも工事が入れば、学校の鍵を開け、終わるまでいなければならないし、地域の集まりには夜だろうが休日だろうが参加して顔をつながなければならない。どれも学校のため、子供たちのためと思ってやっているけど。そして、提出すべき書類の多いこと。日中は、予期せぬことがしょっちゅう起こり、職員室に座っていられないことが多いから、夜に仕事が残ってしまうわけ。土日に行って片づけなければならないことも多々ある。」

本音では皆さん、同じように思っているのかもしれません。でも、やりがいのある仕事であり、その後にもっとやりがいのある職が待ち受けていると思って、踏ん張っているのでしょう。私も仲間入りするであろう教頭職に、不安と期待を持って過ごした2ヶ月間でした。

子供たちへ送った言葉

最後に受け持ったのは1年生でした。勤務校には7年間在職していましたので、他にも、3年生、5年生、6年生に教えた子供たちがいました。離任式ではその子たちに向けて話をしました。

「（前略）遠くで皆さんのことを応援しています。でも皆さんは、藤木先生と過ごしたことを忘れるくらい、つまり昔のことを振り返ることがないくらい、『今』を大切に、前を向いて生きていって欲しいと思います。元気でね！　また会う日まで、さようなら。」

「昔のことを振り返ることがないくらい、『今』を大切に、前を向いて」というメッセージは、実は自分に向けても必要でした。いつまでも「学級担任はよかった」というように振り返らず、自分で決めた道を前向きに生きていこうという、私自身への餞でもあったのです。

身辺整理

いよいよ異動先が決まったのは3月半ばでした。校内の先生方にも私が教頭となって異動することが告げられました。仕事が変わるので、使わなくなるものがたくさんあります。しかも、今までは教室が与えられていて、物を置く場所がたくさんありました。今度は机一つのポジションです。職員室の一角、畳一畳分もないくらいのスペースになります。

そこで、廊下に長机を置き、学級経営や学習指導に関する書籍や、教材、教具、文房具、紙類、はんこ等のフリーマーケットを行いました。全品無料。「もってけ泥棒」的なフリマです。毎日、小出しにして、いろいろな物を置いていきました。もらってくださった方が、お礼を言いにきてくださいます。これからの先生方に、少しでも私の物が役立ってくれたら嬉しいと思いました。

私物のフリーマーケット

しかし、日々の記録ノートや学級だより、手放せない書籍、ワークシートのファイル、指導案、見本となる子供の作品のコピー等は手元に持っています。教頭として着任した学校で、役に立つかもしれないからです。

春休みに、すっかり空っぽになった教室に一礼して、私の学級担任としての任務を終わらせました。次へのステップへの不安と期待を胸に、まるで卒業生の気分でした。

送別会でのスピーチ

3月末日、学校では送別会が行われます。私は、校内の先生方へ次のような話をしました。
ふつうは教務主任から教頭になることが多いので、担任だった私が教頭になるということにびっくりしている先生方がたくさんいました。ですから、きちんと説明することにしたのです。

【スピーチ】

「私には子供がいません。とても欲しかったのですが、授からなかったのです。ですから私は、クラスの子供たちを我が子だと思って今までやってきました。最近、気づいたのですが、I先生（新任の若い先生）のお母さんの方が、私より若いのですね。つまり、小学生を我が子だと思っているのは間違いなのです。もう、私は、若い先生方の親の年齢。それならば、私はそろそろ先生方

のお母さんにならなくてはいけないと思ったのです。つまりそれは、管理職という立場でした。これからは、先生方を我が子だと思ってやっていきたいと思います。そんなわけで、この3月、私は学級担任を卒業します。今まで、ありがとうございました。また、お会いしましょう。さようなら。」

送別会では、同じ学年を組んだ先生方から「かける」をいただきました。「かける」とは、離任する先生方に渡される通知表です。子供たちの通知表が「あゆみ」なのですが、忙しい先生に対しての通知表は「かける」と命名されました。そこには、次のような嬉しい言葉が書かれていました。通知表で褒められるというのは、大人でも嬉しいことですね。

【先生方からの通知表「かける」】

・たくさんの子供を笑顔にすることができる……………大変よくできました
・職員みんなを笑顔にすることができる…………………大変よくできました
・子供たちを強くたくましくすることができる…………大変よくできました
所見：「藤木先生は、いつも素敵な笑顔で挨拶してくださり、児童だけではなく、私たち職員も明るい雰囲気にしてくださいました。給食の時間は、嫌いな食べ物があると表情に出ることがあるものの、しっかりと食べることができ、立派でした。学校生活では、たくさんの子供たちを笑顔にしていました。1年1組に入ると、いつも穏やかさと優しさを感じました。藤木先生の温かさに、子供たちが安心しているのだろうということがよく伝わりました。藤木先生は、温かさの中にも厳しさがあり、厳しいご指導の後には必ずユーモアを交えたお話をされていました。そうやって子供たちの心をつかまれていました。他のクラスの子供にもご配慮くださいました。新しい学校に行かれても、また遊びにきてくださいね。本当にありがとうございました。」

教頭就任、他市への異動！

他の市でもそうでしょうか。私の勤務するF市では、どうしてなのか、同じ市において夫婦で管理職（俗に「共管（ともかん）」と言う）はできないらしく、主人がF市で教頭をしていたものですから、私は隣のI市勤務を言い渡されました。知らない先生ばかりの市への異動。市によって、システムや仕事内容が異なります。そこへ、教頭という立場も違う身で乗り込んで行くのです。かなりのプレッシャーでした。

I市では、F市でこれから導入する校務支援システム（C4th）をすでに導入して何年かたっていました。一番、このシステムを使わなくてはならないのが教頭職なのですが、私にはさっぱり分からないのです。4月になってからマスターしようとすれば、スタートからつまずき、仕事が滞ることが目に見えていました。

そこで、私は、3月末にI市の教育センターに乗り込みました。アポなしで行ったにもかかわらず、教育センターの方は、自らのお仕事もあったでしょうに、私にC4thの使い方を教えてくださいました。正式に着任していない、いわゆるフライングなのですが、これは大正解でした。システムについてだけでなく、教育センターの方に顔を覚えていただき、私も何人かの方に挨拶ができ、4月からの仕事におおいに役立ちました。これからも、アグレッシブに行こうと思えたフライングでした。

4. 教え 恩師からの手紙

小学校4年、5年のときの担任だった岡野先生。先述の私に管理職になりたくなるような手紙を書いていただいた先生です。その岡野先生から、4月早々にお祝いのお手紙を頂きました。教育公務員人事の新聞発表を見てくださったのでしょう。そこには、教頭としてあるべき7つの姿が書かれており、以後、私の教頭としての指南書になりました。

【岡野光芳先生からの手紙】

拝啓

春の南風に急ぎ立てられ、近くの公園の桜が満開となり、見頃を迎えています。先生にとって今年の桜はことのほか美しく見えるのではと想像いたします。

この度のご栄転、誠におめでとうございます。意欲と希望を持って、何もかもフレッシュな気持ちで新年度を迎えられたことと思います。初心を忘れず、一層のご活躍をご祈念いたします。

新しい市の新しい学校での初めての職で、暫くは右往左往する日々が続くと思いますが、だれでも通る道です。あせらずに徐々に職務を軌道に乗せていってください。

教頭職は、あらゆる職種の中で最も激務の職であると思います。それだけにやりがいのある職と考えて私は仕事をしてきました。そうは言っても、目の前の課題や難問に振り回されて四苦八苦しているばかりの毎日だったように思います。

教頭職は、屈強な体力、メンタル面のタフさ、時間無制限の奉仕の精神、萬屋的な技能・技術が必須と思います。それらを踏まえて、自分が心がけてきたこと、やってきたことを述べたいと思います。

先ずは、校長の教育に対する信条（信念）、人柄、子どもや職員に対する思い、経営理念等を一早くつかみ、この学校の教頭として、どんなことに留意して職責を果たすべきか、指導を受けることです。校長は判断職です。その判断、決断をする際に最も頼りにするのが、教頭からの正確で、必要にして十分な情報です。従って、校長に報告するときや指示を受けるときは、前述の校長の情報を念頭に、一歩ならずとも半歩先を読み、自分なりの案を持って報告し、指示を受けることです。特に差し迫った課題等があるときなど、校長から、教頭はどう考えているのかをよく問われます。そのとき、校長の考えを読んだ案を持っていないとアウトです。

二つ目は、教務主任（主幹教諭）と緊密に連携をとることです。変な意味ではなく、教務主任と深い仲になることが教頭職を円滑に遂行していく上でとても重要です。さらに、学年主任の先生方とは、日ごろからコミュニケーションを密にし、さまざまな情報が入りやすくしておくことも必要です。主任の学級の子どもの成長や気になる言動を把握し、それをきっかけに教頭から積極的に声をかけるようにしました。

三つ目は、嫌われる教頭になることを厭わないことです。これがなかなか難しいのですが、職員の先頭に立って、校長の経営方針を具現化するためには、職員の和、職員同士の信頼関係が大切なことは言うまでもありません。しかし、毎日の実践の中で、これは看過できないという職員の発言や対応、子どもへの指導がどこの学校でも必ずあります。そのとき、職員から嫌われる勇気を持って、非は非としてきっぱりと説諭できる立場が教頭です。言いにくいことでも言うべきところははっきり指導しなければなりません。決して校長に批判や反感が向かないようにする歯止めが教頭です。仮に校長への批判や不満が出るような職場の雰囲気は、教頭の責任大と言えます。

四つ目は、**情報の整理、分析力を高めることです**。教頭には、子ども（含む幼・保・卒業生）、職員、ＰＴＡ、地域、行政機関、近隣の小・中・高等学校等々から、間接、直接に様々な情報が入ります。それらのすべての情報をこと細かに記録し、校長に報告するもの、教務主任に意見を聞くもの、関係職員に確認するもの、自分の胸の中に収めるものに整理、仕分けすることが教頭に求められます。何でもかんでも校長に報告するのではなく、恣意的な解釈を避け、適切な情報整理と分析が大事です。校長に報告するか否か判断に迷ったときは、校長に指導、苦言を受けることを覚悟して、報告しておくことが無難です。特にマイナスの情報はそうすべきです。

五つ目は、**日動夜静です**。日中、子どもが動いているときは、校内外の施設の点検、安全確保に務めました。校庭のゴミ拾いをしながら部活指導の先生に声をかけたり、校内の見回りのとき、授業の様子を観察したりすることを日課としました。その際、授業や学級経営上のよい点をできるだけ見つけ、励ましや助言など、その日のうちに声かけしました。

六つ目は、**遅刻の常習者であれということです**。どこの学校でも行事や大会等の節目に、職員で飲む機会があります。大概の場合、私は会の途中、場合によっては二次会から参加するようにしました。保護者や地域の人にとって、学校の宴会など知る由もありません。緊急事態でなくとも、学校に電話がつながらない、学校へ行っても真っ暗ということでは、保護者や地域からの信頼を失うことにもなりかねません。常識的な時間までは学校に残りました。そういうときに限って、電話が多く入ったり、保護者に連れられて子どもが忘れ物を取りに来るなどしょっちゅうでした。

最後に、**教員以外の職員に最大限の配慮をすることです**。普段から声かけや会話を多くし、いい関係を築くことが大切です。特に用務員さんとの人間関係作りは、教頭の職務に直結することも多く、非常に重要です。

私は、教頭職を長くやり、多くの校長に仕えました。振り返ってみると、難題、事件、事故等に苦悩しながらも、時々の校長や教務主任に恵まれ、助けられ、厳しくもやりがいを持って務めることができました。校長の指導の下、自分が学校という組織を動かしているのだという気概で任に当たることができたように思います。

初任教頭のとき、年度末、年度初めの五ヶ月間、校長職務代理者を経験しました。何とかなると開き直って無我夢中で乗り切ったことは、今となってはいい思い出です。

一番身近に、モデルとなる教頭先生がいらっしゃるのに、取り留めのない拙い実践を書いてしまいました。少しでもお役に立てれば幸いです。

末筆にあたり、教頭の職務の筆頭になるはずの頭脳明晰や説得力、雄弁術については、持ち合わせていないので触れられませんでした。藤木教頭先生には既に備わっている素養として磨きをかけていってください。

教頭の仕事は、校長、学校規模、地域事情、職員構成等によって変わるものと思います。先生の強みや持ち味を存分に生かし、一つ一つの課題解決を通して、藤木流の教頭像をつくっていってください。

何と言っても教育は人ですよね。時代を背負う子どもを育てるのは指導力のある教師です。その教師集団を束ね、高めるのが教頭職です。十分に健康に留意され、職責を果たしていってほしいと願っています。

自慢の教え子が、未来を担う教師教育の要職に栄転したことを本当にうれしく思います。自分の教員人生の誇りに思います。

教育変革の今、ただ只、先生のご活躍を祈ります。

敬具

平成二十九年四月八日

岡野光芳

藤木美智代様

※お祝いに心ばかりの粗品を送ります。ご笑納ください。

手紙と一緒に、素敵なボールペンが届けられました。このボールペンは私のお守りとなり、いつでもペンケースの中に入れてあります。

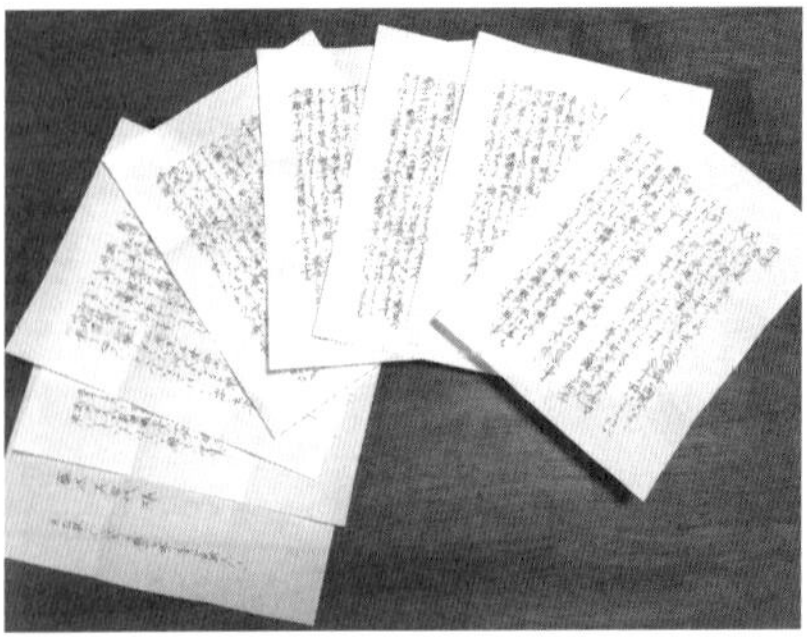

第3章　やるからには楽しくやろう！管理職の仕事

1. 着任　新しい気持ちで

校長の「妻」になろう　～黒子に徹する～

教頭の職務については、学校教育法第37条7項にこう明記されています。

「教頭は、校長を助け、校務を整理し、及び必要に応じ児童の教育をつかさどる」

私は、これを知ったとき、妻の役目と似ていると思いました。

「妻は、夫を助け、家事を整理し、及び子供の教育をつかさどる」

と。そこで私は、着任するときに決心しました。

「校長の妻になろう！　内助の功に徹しよう！」

「妻」なら長年やってきたこと。私は、妻に徹することに決めました。古い歌ですが、さだまさしの「関白宣言」を思い出します。

俺より先に寝てはいけない　俺より後に起きてもいけない
めしは上手く作れ　いつもきれいでいろ　出来る範囲で構わないから

忘れてくれるな　仕事もできない男に　家庭を守れるはずなどないってことを
お前にはお前にしか　できないこともあるから
それ以外は口出しせず　黙って俺についてこい
お前の親と俺の親と　どちらも同じだ　大切にしろ
姑小姑かしこくこなせ　たやすいはずだ　愛すればいい

岡野先生の教えにあった「校長の教育に対する信条（信念）、人柄、子どもや職員に対する思い、経営理念等を一早くつかみ、この学校の教頭として、どんなことに留意して職責を果たすべきか、指導を受けること」に、つながるものがあります。

そこで、私なりの信条を考えました。

・校長より早く出勤し、校長より後に退勤すること。
・来客の際には、素早く、笑顔でお茶菓子を出すこと。
・服装は、華美にならず、動きやすく小綺麗にすること。
・学校をきれいに、花を飾ること。

校長の妻を目指す！

・校長の意を汲み、同じ気持ちで学校を守ること。
・教職員や児童を大切にすること。愛すればいい。
・黒子に徹する。

これらのことを胸に、まるで、嫁入りするような気持ちで、私は教頭として着任したのでした。

いつも笑顔で　～笑顔で修羅場を乗り越える～

同じ時期に教頭職に就いた元同僚の先生と話をしたときに、以前、仕えた教頭の話になりました。もしかすると照れだったのかもしれませんが、その教頭はいつも苦虫を噛みつぶしたような顔で「担任はいいなあ。担任に戻りたい。授業がしたい。教頭の仕事はつまらない。」ということを口にしていました。

確かに教頭という立場は、地道で、脇役で、目立たない黒子のような存在です。しかし、そんなことを口にする教頭に同情しますか？　むしろ私たちは、「だったら辞めれば？　そんな管理職についていきたいとは思わない。」と心の中で思っていたのです。

教頭となった元同僚の先生と、「『担任に戻りたい』という言葉は絶対に言わないようにしよう。」と誓い合いました。自分でやると決めて、自分で選んで、努力して掴んだこの立場。これっぽっちでも「辞めたい」と思うなら、即、止めよう。職員は、「辞めたい、辞めたい。」と言っている教頭には愛想を尽かすことでしょう。口に出さなくても、そういう気持ちは伝わってしまうものです。

「笑顔で修羅場を乗り越えろ」

これは、私の尊敬する先生から教えていただいた言葉です。辛いときこそ笑ってみる。これは、担任時代の私の信条でした。教頭になったからには、辛くても笑っていようと決めました。たとえ、地道で、脇役で、黒子のような存在でも。

買い物に行って、店員さんに無愛想な態度で対応されると、私はむっとします。教頭は、学校の窓口ですから、無愛想では来客によい思いをしていただけません。営業スマイル、これは大切なことです。

宣誓　〜一心一途に〜

着任したI市では、教頭に就任する際、３月のうちに教育長の前で宣誓するという儀式がありました。F市からI市にやってきて、着任した学校が「二俣小」でしたので、それも印象づけようと、こんな宣誓にしました。

「F市○○小学校から参りました、藤木美智代です。赴任校は二俣ですが、I市とF市の二股をかけることなく、本日よりI市の人間として『一心一途』に精進したいと思います。モットーは、『逃げない、ごまかさない、あきらめない』です。どうぞよろしくお願い致します。」

厳粛な場でしたので、「二俣」を「二股」と言い換えたブラックユーモアに、教育長をはじめ居合わせた先生方は笑うところで笑えない、あるいは苦笑いという、なんとも不思議な空気が流れたように思います。

しかし、この宣誓によって、私は見知らぬ場所でも多くの先生方に覚えていただけることとなりました。「ああ、二股かけない二俣小の先生。」「F市と比べてどうですか。」「I市はどうですか。」「慣れないところで大変でしょう。」等と声をかけていただけました。

他市から来た新参者の私ですが、後に「この4月からI市にきたとは思えない。ずっと前からいるみたいに溶け込んでいるよね。」と言われるくらい、すぐにI市に染まりました。

学区を歩き、氏神神社にお参り

3月末の休日に、赴任する学校の学区を歩きました。学区はどこまでか、危険箇所はないか、どのような公園やお店があるのか、駅まではどう行くのか、そして氏神神社はどこなのか、知ることができました。学校が始まってからでは、なかなか外に出られないと思ったので、これは正解でした。

氏神神社にて、「これから赴任する学校をお守りください。」とお願い致しました。毎月、月始めに氏神神社にお参りに行くことに決めました。これは、前述のT校長先生が行われていた習慣です。

SNSでもご挨拶

フェイスブックでつながっているお友達にも、立場や心境の変化を発信しました。

「今年度の異動により、I市にて、学級担任を離れ、教頭として勤めさせていただくことになりました。学級担任も楽しく充実していましたが、諸先輩先生方から様々なご教示をいただき、このような決断を致しました。新しい場所で、初めての仕事ですが、誠意を持って力を尽くしていきたいと思っております。今後とも、よろしくお願い致します。」

154人の方から「いいね！」をいただき、70ものコメントもいただきました。この場を借りて、御礼申し上げます。

趣味はじゃんけん、特技はなぞなぞ

いよいよ4月。着任式では、子供たちの前で挨拶をします。教頭という立場は、あまり子供たちと接する機会がないものです。6年の書写の授業を2時間受け持つことになっただけです。どうしたら子供たちと仲良くなれるかを考えて、次のような話をしました。

【挨拶の言葉】

前任の○○教頭先生の替わりに、教頭先生として二俣小学校にやってきました、藤木美智代です。F市の○○小学校から来ました。市は違いますが、すぐお隣の小学校なので（市境が学区境という位置関係で隣接していました）、幼稚園や習い事で知っているお友達がいるかもしれませんね。

私の好きなことはじゃんけんです。得意なことはなぞなぞです。問題を出します。

『あ！　とおどろいてくしゃみをしたよ、これなあに？』（「あくしゅ！」と子供たちの声）

そう、答えは握手です。藤木先生とのじゃんけんは、最初はグーではなくて、『握手、じゃんけんぽん』です。今からみんなとエア握手をして、じゃんけんしましょう。私に勝つと今日いいことが起きますよ。では、いきます。

『握手、じゃんけんぽん』。（「わーい！　やったー！」「あー、残念」と子供たち）

これから私と会ったときは、じゃんけんしましょうね。難しいなぞなぞの挑戦も待っています。どうぞよろしくお願い致します。

その日のうちに、たくさんの子供たちが会いに来てくれました。そして、何人と握手じゃんけんをしたことか。たくさんの子供たちが、私を覚えてくれました。

その後、握手は1日1回、その日の占いということにしました。勝った子には、「今日もいいことがあるよ。」と言い、負けた子には「今日は落とし物に気をつけて。」「今日

は雨に降られるから気をつけて。」「今日は転ばないように気をつけて。」等と一言を加えてあげます。子供との触れ合いは、やはり楽しいものです。

2. 環境整備　きれいな学校に

朝の正門掃除

3月末に、前任の教頭先生との引き継ぎで初めて学校を訪れたとき、その日は雨のしとしと降っている春休みで掃除ができなかったからだとは思うのですが、玄関に向かって歩いていると枯れた草花や落ち葉、ゴミや何気なく置かれている不要物が目につきました。きっと、私だけでなく、この学校を訪れる方は皆、同じように感じるのではないかと思いました。

そこで、着任した私は、毎朝、玄関まわりを掃除することに決めました。学校に着いたらまず危険箇所がないか校内を回ります。危険箇所がなければ、すぐに掃除に取りかかります。

先生方が出勤するたびに、

「手伝いましょうか。」

と声をかけてくださいましたが、

「これは私の仕事。皆さんには皆さんの仕事があるでしょう。子供に向き合ってください。」

と答えました。

次に子供たちが登校してきます。

「おはようございます。じゃんけんしてください！」

と言われたら、例の「占いじゃんけん」をします。そのうちに、

「何で教頭先生が掃除しているのですか?」

と聞いてくる子供が出てきます。

「学校に来るみんなが、気持ちよく歩けるようにしているのよ。」

「当番なんですか?」

「いいえ。当番ではないけれど、誰かがやった方がいいと思ってね。担任の先生たちは教室でお仕事があるから、教室のない教頭先生がやっているの。」

「私もやりたい。」

「ほんとう？　手伝ってくれるとすごく助かる。時間があるときには手伝ってね。」

そんなやりとりをして、毎日ではないけれど何人かが一緒に掃き掃除をしてくれました。

「ありがとう。気持ちがいいね。ここを歩く人みんな気持ちがいいと思うよ。」

人のために自分の時間や労力を提供できるということは、なかなかできるものではありません。でも、世の中みんなが他人のために働けば、持ちつ持たれつ、心地よく過ごすことができます。そんなことが少しでも伝われればそれでいいと思いつつ、朝の掃除を続けました。

花壇の手入れ

私は花が大好きです。心を込めて育てれば、それだけきれいな花が咲きます。逆にお世話をさぼれば、花にはかわいそうな結果が待っています。着任した学校には、玄関の前に5段の階段があり、そこにはたくさんのプランターを並べることができます。ここにたくさんのきれいな花を咲かせたいと思いました。

花が好きでも栽培にあまり詳しくない私は、市で月に1回行われている研修会の「栽培部会」に参加しました。どの時期にどのような植物を植えたらいいか、植物によってどのような土作りや肥料がいいのか、花によって花壇と鉢植えのどちらが適しているか、ということを聞くことができました。

まずは、栽培委員会の児童や先生方に協力していただき、ふわふわで栄養たっぷりの土作りから始めました。委員会の時間だけでなく、休み時間にも集まってくれて、手を真っ黒にしながら土作りをしてくれました。肥料もたっぷり含ませました。農具倉庫にいろいろな肥料が眠っていました。

次に、季節に合った花の苗を購入します。教頭は、お金を何にどれくらい使うか任されています。事務の方が見積もりを立て、それを決裁することがほとんどですが、予算の中で購入したい物を考えていくことが重要な仕事です。そんな立場の教頭が、花の苗を買って、無駄にしてしまうわけにはいきません。栽培委員の先生が、苗の植え方を子供たちに指導してくださいました。土をきちんと払い、ふわふわの土に潜り込ませるように植えるのです。子供たちに、自分の好きなようにプランターに配置させました。自分が配置を考えた花が、学校を彩ってくれるのです。自分の施したことが、多くの人の目を和ませてくれるのです。子供たちはやりがいを感じていたに違いありません。

校庭に休耕田となっていた花壇がありましたので、そこも土を耕し花いっぱいの花壇にしようと考えました。ここの土作りは、体育の授業を参観しながら私が行いました。先生方の授業を参観して、教育課程を管理することも教頭の仕事です。あからさまに見るより、何かをしながら垣間見る方が、見る方も見られる方も気が楽でしょう。土を耕しながら、授業を見る。一石二鳥で仕事ができました。

苗は、抽選で300株が当たるという企画（公益財団法人花と緑の農芸財団　第27回「花の輪運動」）に応募したところ、見事に当たってしまいました。届けられた300株の苗を、全校児童が一人一株植えることができ、冬から春にかけて校庭にもたくさんの花をもたらすことができました。

玄関やトイレには、花壇に咲いた花の切り花や小さい鉢植えの花をところどころに置くようにしました。何人もの先生方が気づいては愛でてくれました。

こうして、花いっぱいの学校にすることができました。私は、美しい環境でこそ、美しい心が育つと思っています。環境整備は、学校経営に欠かせない第一歩だと思います。

危険箇所の修繕

危険箇所があったら、それは環境整備の前に片付けなければならない仕事です。緊急のものであれば、何をおいても駆けつけなければなりません。締め切り間近の文書処理があっても、そんなものは後回しでかまいません。

毛虫発生、蜂の巣発見等の声を聞いたら、子供たちに被害が及ばぬうちに、殺虫剤を持って走ります。自分たちで対処できない

場合は、教育委員会（教育施設課）に連絡し、害虫駆除の業者を要請します。

草木が伸び放題であると、足をひっかけたり、走っていて目を突いたりします。子供の目線、動線を考えながら外回りをする必要があります。トゲのある草がたくさん生えている箇所を教えてくださったのは、ベテランの先生です。休み時間には、いつも子供たちと遊びながら、危険箇所を見つけては教えてくださいました。先生方にも危険箇所を見つける目を育てていきたいものです。一人では気づかないことも、たくさんの目でみると気づくことがあります。教職員の危機管理能力を育てることも必要な仕事です。

緊急でなくても、気づいた危険箇所は迅速に対応することが大切です。学校に与えられた予算には限りがありますが、躊躇することはありません。子供の安全が第一優先事項です。私は、用務員さんにも協力してもらい、営繕費もめいっぱい使い、いろいろな箇所を修繕しました。

階段の滑り止めゴムの交換、教室扉のがたつき修理等は、用務員さんが行いました。階段から滑り落ちたり、扉が外れたりして、子供が怪我をした場合、瑕疵があれば学校に責任が問われます。知らなかった、気づかなかったではすまされません。着任した学校の用務員さんは、その仕事が初めての方でしたから、なかなか危険箇所を見つけられなかったので、一緒に校内外を回って、危険箇所の見つけ方を教示しました。

教頭もそうですが、用務員さんの仕事は「やっても目立たないけれど、やらなかったらとても目立つ仕事」だと思います。でも、見ている人は見ています。お天道様は見ています。自分の仕事に誇りを持って、取り組んでほしいと話しました。

渡り廊下の雨樋修理、雨漏り修理等は、学校の営繕費を使って修繕しました。また、学区の横断歩道やスクールゾーンの塗り替えや、横断歩道の草刈り、歩道橋のさび、交通標識設置等は、道路交通課に直接電話して、対応してもらいました。自称「すぐやる課」です。

積極的な営繕で、居心地のよい職場に

着任校は古い学校でした。職場環境がよいとは言えません。職員室の冷房が効かない、トイレは旧式で臭い、事務室の床は剥げている、教室や廊下の壁が汚い……。

夏休み前に冷房の交換を頼みました。「先生方が熱中症になりそうです。」と伝えたからかどうかは分かりませんが、7月中に新しい冷房になりました。図書室の冷房もよく効かないと聞いていたので、ついでに「図書室にも夏休みに子供たちが来るのですが、子供たちの熱中症は大丈夫ですかね？」と言ったことがよかったのか、図書室の冷房まで交換してくれました。言

いたいことは言ってみるということは大事だと思いました。これで、夏休み中の出勤はとても快適なものになりました。

職員用トイレの営繕は、前任の教頭先生もずっと教育委員会に訴えていたようですが、なかなか話が進んでいませんでした。別の用事で来られた施設課の方に、職員トイレに案内し、直接に見ていただいて実態を伝えました。その後、営繕の話が進み、いくつかの便器が洋式になり、電灯も明るくなり、間仕切りが設置されて、幾分快適になりました。後は、臭い対策が残っています。

校長先生は日常的に校内を回り、先生方の授業を参観しています。授業中にガラっと扉を開けて入って行くのは躊躇いがあるものです。扉のガラスが磨りガラスでしたら、外から覗くことができません。しかし、透明ガラスだったらどうでしょう。授業が滞りなく、落ち着いて行われていれば、教室の中に入らず、外からの参観が可能になります。そこで、校長先生に、

「教室の扉を透明ガラスにしましょうか。営繕費がまだ残っているので。」

と言うと、

「ガラスは割れないとなおしてくれないのではないかな。」

とおっしゃいます。

「でしたら、割りますか？」

「おいおい、それは困るよ。」

「修繕」とは壊れたところを直すこと。でも「営繕」は新築、増築、改築することです。壊れていなくとも、不備であればガラスを替えてくれるのではないかと思った私は、やはり施設課に請け負ってもらうことにしました。

「授業や子供たちを見守るのが管理職の仕事です。それができる環境にしたいのです。割れていないけれど、磨りガラスを透明ガラスに替えていいですか？」

返事はＯＫ。どの教室も廊下から中が見渡せる透明ガラスになりました。

予算凍結の時期になると、使用しなかった営繕費は返金、他へ還元ということになります。

「ねえ、この事務室の床、ひどくない？　ここ替えるのに営繕費使えない？」

と事務さんに提案しました。事務室の床は、絨毯が敷いてありますが、所々はげていたり、切れていたり、何より色が汚くて暗いのです。そこで、残りの営繕費で床に敷くタイルカーペットを購入しました。張り替えは自分たちで行うしかありません。12月の冬休み前半に、事務室の机も椅子も棚もパソコンも印刷機も電話も、その配線に気をつけながら、すべてを廊下に出しました。他の学校から、用務員リーダーさん2名も駆けつけてくれて、事務室の床は寝ころんで昼寝ができるほどきれいになりました。戻すときに電話の配線がつながらなくなり、ちょっと困った事態になったのは、ご愛敬ということで、事務室が気持ちよく新年を迎えられたことはいうまでもありません。

3. 職員室の担任 学級担任の経験を生かして

職員室だより

私は、担任時代に学級だよりを書いていたこともあって、着任してすぐにでも「職員室だより」を書きたいと思っていました。しかし、それは余計な仕事です。やらなければならない仕事ができないなら書いてはいけないと思っていました。

そこで、自分に条件を課しました。それは、「5月までの提出物をすべて期限までに提出できたら、校長先生に『職員室だより』を書いていいかお伺いを立てる」というものです。教頭になれば分かることですが、年度始まりの1ヶ月には本当にたくさんの提出物があるのです。ましてや初めて教頭になったときの4月は、文書の理解から困難極まりなく、どこの何を調べればいいのか、どこにどのように送ったらいいのか、等々、本当に大変なのです。

ようやく5月のGWに入るというとき、すべての提出物を期限内に提出できた私は、校長先生のもとへ記念すべき「職員室だより第1号」を持っていきました。果たして決裁していただけるのか。こんなものを書く時間があったら他にやることがあるだろうと言われないように、手抜かりなくやってきたつもりです。

「私、今までずっと学級だよりを書いていたので、『職員室だより』というものを書きたくて、書いてみたのですがいかがでしょうか。」

第1号の内容は、「GWは、その日の意味を知って過ごしたいものである。祝日の意味を、きちんと子供たちに伝えよう。」というものです。校長先生は、読むとすぐに、

「いいですね。今まで努めてきた学校で、『職員室だより』を書くような教頭先生には出会ったことがないですよ。」

とおっしゃってくださいました。「許可がおりた。これで書くことができる。しかし、これからも提出物は遅れないように、その他の仕事もぬかりなくやっていこう。だからこそ許可していただいたのだ。」と肝に銘じました。

1年目、2年目は「職員室だより」というタイトルでしたが、3年目、4年目には「あけぼ

の」「麒麟」というタイトルを付けました。タイトルの由来は以下の通りです。

「あけぼの」

平成31年4月（5月から令和元年）に異動した学校は、メタセコイアの立ち並ぶ学校です。メタセコイアは学校のシンボルツリーです。そこで「メタセコイア」の和名「あけぼのすぎ」から「あけぼの」を職員室だよりのタイトルにいただきました。「あけぼの」とは、太陽が昇る明け方のこと。まさに「令和」の時代の幕開けにふさわしい命名だと思いませんか。

「麒麟」

令和2年のNHK大河ドラマは「麒麟がくる」です。麒麟がくるとき、戦乱が終わって、世の中が平和になるという言い伝えがあるようです。コロナウィルス感染の収束が見えない中での新年度のスタートでした。そこで「麒麟がくる」ことを願って、職員室だよりは、「麒麟」にしました。（ちなみに私は、ＫＩＲＩＮの一番搾りが好きです。あの缶に描かれている中国神話に現れる伝説上の霊獣が麒麟です。）

職員室だより

文責：藤木

第1号
平成29年5月1日

待ちに待ったGW

１ヶ月の勤務、お疲れ様でした。学級開きから、学級組織作り、教室環境作り、１年生を迎える会、陸上練習、運動会練習と、あわただしい１ヶ月でした。やっと、GWですね。職員室では、「祝日が土曜日だから、振り替え休日がなくて残念…」という声も聞こえてきました。

ところで、先生方は、子供たちに祝日の意味を伝えていますか？ 連休は、いろいろ予定があって楽しいものですが、今日が何の日なのか、どういうふうに過ごすといいのか、前日に少しでも話してあげられたらいいなと思います。高学年でしたら歴史に関わる話ができますし、低学年でしたら季節を感じたり伝統文化を伝えたりできます。工夫次第で、道徳としても展開できます。

①たとえば「昭和の日」なら…
問：4月29日は何の日でしょう？

１９８８年までは「(昭和)天皇誕生日」でした。１９８９年からは「みどりの日」になりました。そして２００７年（平成１９年）から「昭和の日」になりました。

問：なぜ、平成になって１９年もたってから「昭和の日」となったのでしょう？

「昭和の日」は**「激動の日々を経て、復興を遂げた昭和の時代を顧み、国の将来に思いをいたす日」**とされています。「激動の日々」とは、戦争や敗戦をさし、「復興を遂げた」とは、戦後、日本が経済、産業などでめざましく立ち直り、先進国と言われるまでになったことをいっています。

戦争で生き残った人々は、戦争で亡くなった人の分も頑張ろう、そして日本を立ち直らせようと必死で勉強し、懸命に働きました。その結果、日本は世界でも上位の学力を修め、自動車やパソコン、カメラなど世界に誇れるものを生み出しました。たとえ貧しくとも、礼儀正しく、正直で高貴な日本人の気質が失われていなかったのです。時は平成になりましたが、昭和天皇の誕生日4月29日を、昭和のよき日本を忘れないために「昭和の時代を顧み、国の将来に思いをいたす日」にしたのです。

日本をさらによい国にしていくのは、これからの日本を担う子供たちです。是非、伝えてあげてください。

②たとえば「こどもの日」なら…

「こどもの日」を「端午の節句」とも言います。中国から伝わったものとされています。端午とは本来は月の初めの午の日のこと。「午」の音が「五」に通じるところから、5月５日をさすようになりました。

問：なぜ端午の節句にかぶとを飾るのでしょう？

５月５日は菖蒲を飾ります。「菖蒲」と「尚武(武具や武勇を重んじること)」が同じ読みであることと、菖蒲の形が剣の形に似ていることから、男の子にたくましく育って欲しいという願いを込めてかぶとを飾るようになったと言われています。

問：鯉のぼりを飾るのはどうしてでしょう？

中国には「黄河という大きな河の中程にある竜門という流れの速いところを登り切った鯉は、竜に化ける」という話があります。日本でも「鯉の滝登り」という言葉がありますが、これは、立身出世、成功して立派に成長することを意味しています。将来、夢が実現することを願って鯉のぼりを飾るのです。

男の子がいない家庭でも、病気や災厄を追い払うために、菖蒲を浮かべたお風呂に入ったり、ちまきや柏餅を食べたり、背比べをしたりする風習があります。(柏餅やちまきについても調べてみてください。)

ちなみにこどもの日とは**「こどもの人格を重んじ、こどもの幸福をはかるとともに、母に感謝する日」**となっています。「母に感謝する」というところはあまり知られていません。自分を産んでくれたお母さんも讃えられる日なのです。ここから、次の「母の日」につなげていってもいいですね。

国民の祝日には、それぞれ意味があります。そのことを念頭において過ごしたいなあと思います。家庭でもあまり意識されていないようです。なかなか柏餅を食べたり、菖蒲湯に入ったりしません。古くからの伝統行事や風習を今我々が子供たちに伝えて行かなければ、子どもたちが親になったときには何も伝わらなくなってしまいます。祝日の意味を伝えるよう、先生方、よろしくお願いいたします。

「職員室だより」第１号

職員室だより

文責：藤木

第4号
平成29年5月31日

心地よい　きれいな環境を

トイレ掃除で有名なイエローハットの鍵山秀三郎さんをご存じかと思います。先日の鍵山さんのメルマガに、こんな話がありました。

「車をきれいにしておくと、事故が激減します。かつて忙しいことを理由にして、汚れた車で出かけた時代がありました。不思議なことに、そのころはよく車が故障し、しょっちゅう事故をおこしておりました。たしかに、汚れた車を運転していると、つい運転も荒っぽくなり、その結果、事故につながることになるのです。

（PHP研究所　鍵山秀三郎「一日一話」）

この話を読んで、車を教室（学校）に置き換えて考えてみました。忙しいことを理由にして、教室環境が整えられないでいると、子供たちが落ち着かなかったり、トラブルが起きたりすることが多くなるのではないかと思ったのです。「環境が人を育てる」とよく言われていますが、教室を心地よく、きれいに整えることで、子供たちは落ち着いて学習したり、優しい気持ちになったり、やる気が出たりするのではないかと思います。

また、教室をきれいにしておくと、子供のちょっとした荒れに気づくとも言われています。

掲示物がはがれる、落し物が多くなる、落書きや汚れが見つかる・・・この小さなほころびを見逃さないことができるのです。問題が大きくなる前に解決することもできます。

教室の後ろから子ども目線になって見てみなさいと、かつて私もよく指導されました。「部屋を写真に撮って一枚の絵として見てみると、乱れているところが見えやすい」ということが書かれた本を読んだこともあります。

運動会も終わり、これからは落ち着いて学習を進めていく時期です。授業に集中できるような教室環境を整えていきましょう。よろしくお願いいたします。

きれいに並んだ靴。
「くつがそろうと心もそろう」
という詩がありました。

ぞうきんも美しく並んでいました。誰かが気をきかせているのでしょうか。

ペットボトルも工夫次第で整えられますね。他の物にも応用できそうですね。

職員室だより

第6号
平成29年6月23日

文責：藤木

保護者対応あれこれ

最近、2件の保護者対応に関わりました。2件に共通するのは、昨年度以前からの引継ぎがきちんとされていないこと、頼んだことが守られていないことでした。

保護者対応は、大きく深くなるとその対応に時間も労力も取られ、日ごろの職務にも響いてきます。小さく浅いうちに適切に対応できるようにしたいものです。

① 予防

・保護者からの苦情、依頼があったら、まず一報を管理職（教頭）へ報告する。
　対応を一緒に考えます。1人で悩まない。

・「壊した・壊された」「汚した・汚された」「けがした・けがさせられた」「泣いて帰った」等の際は、迷わず親へ連絡する。担任に非があれば、家庭訪問をすることも必要。そのとき電話が通じなくても、留守だとしても、着信や置き手紙をして、その日のうちに対応したことを残すことが必要です。誠意が伝わります。

② 早期対応

・連絡帳のやり取りは、コピーしておく。管理職（教頭）にも1部ください。

・連絡帳より電話の方がよいこともある。（親もコピーをとることもあります。）
　電話のやり取りは、手書きメモを残しておく。（日付、時間も明記。）
　電話する際、管理職の近くの電話を使うとよい。一緒に対応できます。

・事実をきちんと把握する。教師側に落ち度がないことは、下手にあやまらない。
　「行き届かずに申し訳ありませんでした。」程度。

・安易に約束をしない。「配慮はしますが、お約束はできません。」
　「今、私の一存ではお答えできませんので、管理職に相談してから返答します。」

③ 再発防止

・報告書（引継ぎカルテ）を、その日のうちに作成する。日を置かない。

・できれば、保護者にも確認してもらい同意の印を押してもらう。

・病気等の件は、引継ぎだけでなく、年度当初に担任、養護教諭、管理職と面談をする。

練習　連絡帳に次のように書かれたら、どのように返答しますか？
（実際に私が受けたものです。裏に私の対応例を載せました。）

1　うちの子は、「君」「あなた」と呼ばれるのが嫌いです。ちゃんと名前で呼んでください。

2　隣の子が勉強の邪魔をします。席を替えてください。

3　（インフルエンザで出停）仕事を休めません。熱もないので学校で預かってください。こんな厳しいのは海神南小だけですよ。

4　仕事が忙しくて個人面談には行けません。帰宅して夕飯を食べさせてからだと21時になりますが、それでもいいんですね（挑戦的に）。

職員室だより

第１１号
平成２９年１０月２日

文責：藤木

あゆみの提出お疲れ様でした

私にとって、はじめての所見点検でした。人によって書き方が様々で、どう直したら失礼ではないか、意図したことがずれてしまわないかなど、いろいろ考えながらの作業でした。

もしも不明点やご意見がありましたら、藤木まで。直した観点を明示しておきます。

・「～たり、～たり」

並列な事柄を並べる。読点を入れる。２つの例をあげているので「～するなど～」と続く。

・「できていました。」「取り組んでいました。」→「できました。」「取り組みました。」

「していました。」だと他人事のように感じられませんか。知らないうちにしていたみたいな。「～しました。」ときっぱり、責任を持って言い切ります。継続して行われているのであれば、「～しています。」でもよい→「休み時間は、元気に遊んでいます。」

・一事一文

一つの事柄について二文にわたらないように、形容詞や修飾語を上手く入れ込んで一文にまとめる。

なるべくたくさんの事柄を１つのスペースに入れたいので。

・同じ言葉を何回も使わないように工夫する

たとえば、「体育係として、体育の時には、体育の準備運動や体育の道具の準備を～。」「英語の時間には、英語を使って、～英語の練習をしました。」など。省略できるところがあるはず。（俳句の夏井先生がよくテレビで、「赤く染まった紅葉」のことを「赤くない紅葉があったら見てみたい」とか言って斬っていますね。）文末も同じにならないようにすると、文章として読みやすくなります。声に出して読んでみると気づくことができます。

・評価言葉を入れる

進んで、意欲的に、毎日欠かさず、一生懸命、自主的に、元気よく、など。

・その子の事実や実態を書く（先生の感想や期待ではなく　子供が主語　子供目線で）

～と思います、後期は～することを期待しています、指導しています、感心しました、驚かされました、頼もしいです、ほほえましいです　　などではなく
「～することができました。」「～しました。」に、上記のような評価言葉を添えて。

・マイナスのこと、まだできていないけれど頑張らせたいことは次のように伝える

「～しようと努力しています」「～することがこれからの課題（めあて・目標）です」

・整合性を考える

Ａにはならないけれど、Ｂなんだけれど、そのことに所見で触れたいことってありますね。

そういうときは、なるべく項目にある言葉ではなく、言い換えた言葉で所見に書くといいでしょう。

「最後まで頑張りました」→「納得がいくまで取り組みました」

こうすれば、自主・自立に○をつけられなくても大丈夫。あえて、言葉を外す技で、整合性が見えないように工夫できます。

職員室だより

第8号
平成30年6月12日

文責：藤木

6月、梅雨に入りました

陸上大会が終わりました。朝や休み時間を使っての日々の練習、そして炎天下の当日の引率、留守中に隣のクラスの見守り、皆さんのチーム力が結集された姿を見せてくれました。
これからは、授業研等、学習の充実を図る時期になります。梅雨に入りましたので、教室、廊下での怪我に注意しながら、健康で安全に過ごせるようよろしくお願い致します。

魔の6月（怪我や事故、学級の荒れ等が起こりやすい時期らしい・・・二俣小には無縁ですね。）を乗り切りましょう。ボーナス、夏休みが待っています！

すてき発見！

いいところ、すてきなところをたくさん見ていこうと思います。授業中に突然お邪魔しますが、挨拶はいりません。滞りなく学習を進めてください。整然としていなくとも、そういう活動である場合もありますから、普段通りに活動していてください。

そして、すてきな実践、おすすめの実践は皆さんに紹介していきたいと思います。

その①　陸上大会で頑張った友達に金メダルのプレゼント　6年

留守番組の子たちから、大会に行った子たちへ一人一人にメッセージを書いて、金メダル風にして贈呈。極秘に作成されていて、月曜の朝、選手、補欠の子たち全員の首に金メダルが輝きました！贈った方も、贈られた方もうれしそうでした。

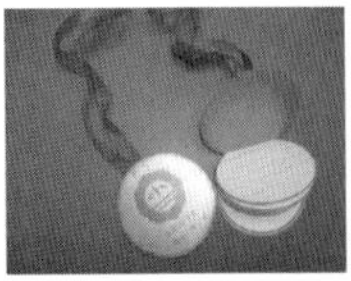

その②　おすすめレシピ「ご自由にお持ちください」　栄養教諭

昇降口の栄養黒板あたりには、トマトの情報が掲示され、その下にはトマトを使った料理のレシピが置かれています。以前には、そら豆やねぎ坊主が置かれ、その説明も提示されていました。
食育の一環として、よい取り組みだと思います。

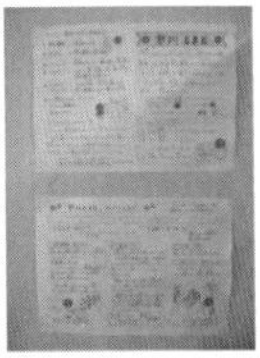

その③　健康チェック　時期に合った手作り掲示物　養護教諭

歯の健康チェック、プールに入る前の健康チェックが、すごろくやプールの絵とともに掲示されています。見たくなる掲示物です。手作り感が満載。保健室に来た子、給食ワゴンを返しに来た子などが足を止めて見入っている姿をよく見ます。

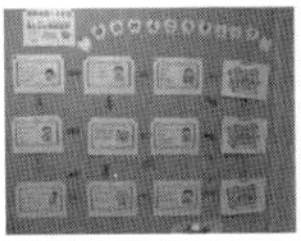

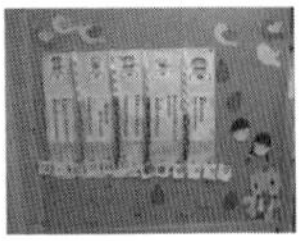

職員室だより

第１７号
平成３０年１０月１５日

文責：藤木

たまに出会う残念な授業

１３日（土）に、女性管理職研修会がありました。講師は、葛南教育事務所長の山下秋一郎先生でした。そこで、所長訪問で参観する授業について述べられました。大方の授業は、よい授業で子供たちも生き生きと学んでいるのだけれど、「たまに出会う残念な授業」があるそうです。どんな授業かというと・・・

① 教師がずっとしゃべっている。子供がお客様。
② いい発問をし、考えさせる時間も取るのに、一人発表していい答えだとそれで終わり。
③ できない子がいても知らんふり。
④ 板書が雑。定規を使わない。指示や発問が雑。一度言ったことがぶれる。

とのことです。

① について：子供の出番を増やす。子供同士が対話をする場面を設定する。
② について：たくさん意見を出してから、みんなで話し合い、まとめていく。
③ について：できる限り支援をする。せめてアドバイスやヒントを与える。
④ について：板書は授業前に一度書いてみる。指示と発問を明確に分け、言い換えない。

ということを心していきましょう。

また、校内研で行っていることが、普段の授業で生かされていることが大切だと言われました。我が校の算数の研究は、とても充実して質の高いものだと思います。是非、算数の研究仮設を他の教科でも活用してください。

【研究仮説】

・一人一人の学習状況を適切に把握し、既習事項や課題解決の見通しを確認すれば、自分の考えを持つことができるようになるだろう。**（導入の工夫）**
・考え方・表現の仕方の型（モデル）を示し、習熟させることで、それを手掛かりとし、思考力や表現力が深まっていくだろう。**（自力解決の場の工夫）**
・自分の考えを表現する場と、互いの考えを深め合う場を工夫すれば、豊かに考え表現する力が育つであろう。**（比較検討の場での工夫）**
・互いに学び合いながら、互いの考えや表現の良さを振り返ることにより、自分の思考を深め、より良いものを追究しようという表現欲求が高まるであろう。**（学習のまとめの工夫）**

こんなメッセージもいただきました。いいですね。

先生は「がんばろう」を他の言葉に言い換える名人であってほしい。
どうしても言い換えられないなら、「一緒にがんばろう！」と言えばいい。

ｂｙ　山下秋一郎　所長

職員室だより

あけぼの

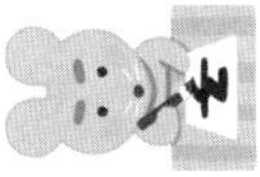

令和二年一月七日(火)
第十九号
文責　藤本美智代

子供ができることは子供がやる

残り三ヶ月になりました。昔から、「一月は行く、二月は逃げる、三月は去る」といわれているように、あっという間にすぎてしまうのが三学期です。一年間の総まとめとして、子供ができることを増やしていきましょう。自治的活動ができるようにすることが、子供たちの生きる力となります。

朝会のために体育館で整列する際、先頭の子が号令をかけて整列させているクラスがあります。一年生でもできているクラスがありました。毎日の教室移動でもやっているのでしょう。積み重ねの成果がこういうところに見られます。

体育では準備運動を体育係に任せているクラスも多いことでしょう。私は、他の教科でも始めの五分は毎回ルーティンを決めておき、それを子供たちに任せていくようにしました。国語なら、新出漢字を一人一文字ずつ前もって割り振っておき、毎回二人に前で読み方や筆順の指示を出させました。算数なら１００マス計算や計算カード、計算トランプの指示。理科や社会は隣同士で教科書を見て問題を出し合う。音楽なら発生練習のＣＤをかける。このルーティンは、怪我やトラブルで授業が始まっても教室に行けない時にも、とても役立ちます。

たとえ効率が悪く、見栄えがよくなくても、子供に任せることが、子供の力を伸ばすことになります。教室は教師の見栄のためでなく、子供の成長のためにあるのです。

「タイマー」　使う派？　使わない派？

授業で時間を決めて作業をさせるときによく使われるのが「タイマー」ですね。キッチン用の小さな物、大きく目立つような物、あるいはスマホのタイマーを書画カメラでテレビに映すという技を使っている方。教室を見て回ると様々です。

私は、担任のころ、タイマーを使ったことはありませんでした。

「今から三分で書いてください。」

と指示を出し、大体三分くらいで子供たちの様子を見て、もうほぼ終わっていたら三分より早め、まだ多くの子が真剣に取り組んでいるなら少し遅めたりと調整して、頃合いをみて

「はい三分、終わり。」

というふうに進めました。やってみないとどれくらい時間が必要か分からないし、ピッと鳴ってから「まだ時間が欲しい人？」「あと何分？」等のやりとりする時間がもったいないからです。

もしタイマーを使うなら、決めた時間を守らなければいけないと思います。子供から要求があったから時間を延長するというのなら、タイマーを使う意味がありません。私は、あまりにも正確に時間を区切るタイマーは苦手でした。（長縄や１００マス計算、縄跳の支度等、速さを競う際、ストップウォッチは愛用していましたが。）

職員室だより

麒麟

令和２年6月15日(月) NO.10
文責　藤木美智代

気になること　辛口でいきます！

学校再開から2週間。一気に慌ただしくなり、お疲れのことかと思います。先生方も、今まで通りにならないこともあって、戸惑うこともあるでしょう。ちょっと気をひきしめて欲しいこともあります。気になったことがあるので、お伝えします。

・健康観察カードの提出をお忘れなく
先生方も毎日提出してください。サインではなく、判子(責任を持つという誓約)をお願いします。万が一、本校でウイルス感染者が確認されると、全員分のカードを調べられることになるでしょう。その時に、慌てることのないようにしてください。

・感染防止意識を高く持ちましょう
東京アラートも解除され、生活に楽しみが帰ってきましたが、感染のリスクはゼロではありません。一番心配なのは、給食時です。配膳時、食事の時には特に注意をお願いします。配膳時、マスク越しでもおしゃべりはちょっと心配です。

・通勤退勤時の服装はきちんとしていますか？
暑くなってきましたので、気持ちは分かりますが、「教員として恥ずかしくない服装」で通勤退勤してください。基準の線引きは難しいですが、学校に遊びに来るのではなく、働きに来るのだと考えればいいのではないでしょうか。

・一人ひとりへの配慮を徹底的に
朝の仕事が増えた上に、読書タイムもないので、なかなか時間がないとは思いますが、時間になっても来ていない子がいたら、すぐに保護者に連絡してください。家を出たのに学校に到着していない場合は、すぐに捜索しないといけません。

・勤務時間、休憩時間、年休の取り方を確認しましょう
7時間45分勤務の場合、45分の休憩時間があり、それを使って外出することができます。(それぞれの勤務割り振りは裏面参照。担任は13:05～13:20. 15:35～16:05ですが、この時間に取れないことが多いので、取れる時間に取ることが可能。ただし、勤務の最初と最後には取れません。)休校中は、それが少し緩んでいましたが、一応こうなっていますので、再確認をお願いします。休憩時間をオーバーした分は年休で処理します。そのまま帰宅したい、ついでに買い物をして帰りたいという人は、予め年休をとっておくようにします。
＊校長先生のお計らいで、早めに・・・という時には、ありがたくお受けいたしましょう。

・携帯は上手に扱うことが大切
今や携帯電話は、調べものをするツールであったり、記録する便利な機能があったりしていますが、教室で、子供たちの前で使用すると誤解が生じかねません。私用でいじっているということのないように。調べものなら、子供たちにもそれが伝わるようにひとこと言ってからググるというのがいいでしょう。

緊急メール受信のため、あるいは子供が教室を脱出したことを職員室に連絡するなど、私物の携帯を職務に充てていただいているのは申し訳ないと思っています。上手な使い方を考えていきましょう。
＊充電は家庭でお願いします。

藤木文庫

私は、担任時代には本をたくさん買いました。担任としての在り方から、教科指導、学級経営、生徒指導、保護者対応等、いろいろな本を読みました。これらの本を先生方にも読んでもらいたいと思い、職員室の片隅に「藤木文庫コーナー」を作りました。「ご自由にお読みください」と表示しました。

本当は、本は身銭を切って買うものだと思います。自分に必要な本を本屋に探しに行くことが大切だと思っています。かつての先輩先生から「身銭を切って、給料の１／10は、本を買え」と言われたことがあります。私は、本屋に行く時間がなかったので、学校に来る本屋さんに月刊誌を何種類か頼み、１ヶ月ごとに届くたびにまた他の本を注文するようにしていました。おそらく給料の１／６くらいは出費していました。

働き方改革ブームのときは、時短ノウハウ本を購入して置きました。何人かの先生が借りに来ました。神話の本、手帳術の本、クラス会議の本などもよく貸し出されました。

また、悩み相談を受けたときにも本が大活躍しました。学級が上手くいかないという相談があれば、

「ここに書いてあることを読んでみるといいですよ。」

と言って渡すだけ。返してくれるときには、

「ストンと落ちました。」

「教頭先生は、どの本のどこに何が書いてあるか、すぐに分かってすごいですね。」

「他にもオススメの本ありますか。」

などの一言があり、本に興味を持ってくれる先生方が増えました。教室を見回ると、今までより先生方の本棚に新しい本が増えていると感じるようになりました。今ではネットでポチッと押せば、翌日には本が手元に届くご時世です。藤木文庫から入って、ゆくゆくは自分で本を買うという学びをして欲しいと思いました。

セミナー紹介

前にも書きましたが、土日には各地でセミナーが開催されており、向上心のある先生方が学

んでいます。私は教頭になってからも、月に1、2度は気になるセミナーに参加しています。若い先生方が新しい教育課題について学んでいる中、ベテランだからといって胡座をかいているわけにはいかないと思うのです。

国語教育に一生を捧げた、かの偉大なる大村はま先生は、著書『日本の教師に伝えたいこと』（筑摩書房）の中で、こうおっしゃっています。

「教師の仕事はこわいもので、あり合わせ、持ち合わせの力でやっていても、やさしく、あたたかな気持ちで接していれば、結構、いい雰囲気を作れるものです。子どもはもちろん、父母や同僚とも、いい関係をもっていけるものです。いい教師ですごせるものです。そこが、こわいところです。安易に流れず、なんとかすますのでなく、人を育てるほんとうの仕事を見つめ、畏れながら、力を尽くしたいと思います。端的に言えば、あり合わせ、持ち合わせの力で授業をしないように、ということです。何事かを加えて教室へ向かい、何事かを加えられて教室を出たいと思います。」

と。つまり、教師というのは、持ち前の知識だけで、その日その日が過ごせる危険な職業だということです。教師は、やはり学び続けなくてはいけません。

「学ばざる者、教えるべからず」

これは、私のモットーです。

そこで、「職員室だより」に、オススメのセミナーを載せました。興味を持ったという何人かの先生方を誘って、一緒にセミナーに行くこともありました。学ぶことが楽しいと思えたら、伸びるチャンスです。最初は私と一緒に行っていたセミナーですが、だんだん私が行かなくても自主的にセミナーに参加する先生方が増えました。

校内研修の充実

セミナーに参加していると、著名な先生方と知り合うことができます。いろいろな本を書いている先生方と懇意になることもできます。同じ志を持った先生方と、フェイスブックで友達になることもできます。遠く離れたところで、同じ仕事をしている同志の話がリアルタイムで届けられますし、悩みがあれば多くの同志がアドバイスをしてくれます。そういう学びの場をどんどん求めていってほしいと思うのです。

しかし、土日に行きたくてもなかなか時間が取れないという先生方もいます。家庭の事情はそれぞれですから、無理に誘うことはできません。そこで、校内研修として、著名な先生方を講師にお招きすればいいのだと考えました。

どのような話を聞きたいのか先生方に聞いたところ、「校内研究が算数だから、算数以外の教科を学びたい。」「道徳が教科に変わるから、道徳について学びたい。」という要望がありました。船橋市の国語の大家である土岐康峰先生、千葉市の道徳の大家である勝治雄紀先生を招聘し、国語や道徳の実践をお話ししていただきました。

また、私は、かねてから学級経営の理想をもっと高く持ってほしいと思っていましたので、八千代市の飯村友和先生、船橋市（当時は八千代市）の河邊昌之先生に来ていただき、学級経営のあり方、考え方、いろいろな教材、授業の展開等について話をしていただきました。

さらに、若手もゆくゆくはミドルリーダーとして活躍してほしいという私の願いもあって、船橋市の渡邉尚久校長先生にも来ていただき、ミドルリーダー研修会を開きました。時間意識や言葉遣い等の秩序を高め、学校へ貢献するという意識を持たせ、自らの教員人生を考えさせるという内容で話していただきました。

他にもまだお呼びしたい先生がたくさんいるのですが、そのた

千葉市の勝治雄紀先生

船橋市の渡邉尚久校長先生

八千代市の飯村友和先生

めには支払うべきお金が必要になりますので、なかなか思うようにはいきません。そんな折、県の施策で、金融教育推進校を募集しているとの文書が目に入りました。2年間の研究期間で年に15万円の補助金がいただけるのです。金融教育を大きく捉えれば、一生を見通して、どのようにお金を得て、どのように使うかということ、つまりキャリア教育と考えられるのです。

校内に、金融教育を学びたいという先生がいましたので、さっそく応募し、推進校となりました。

そこで、3、4年生には、ユメカキ☆ＪＡＰＡＮ代表の松田純さんによる「ユメカキ教育で未来の仕事とお金を考える」という授業、5、6年生には、ＮＥＣソリューションイノベータ株式会社の宗宮純子さんによる「未来を生き抜くために必要な力～『気づき』が自分を変える～」という授業をしていただくことができました。両者からは、キャリア教育を考える上で、様々な示唆に富んだお話をしていただきました。2年目には、金融教育公開研究会を開くことになっています。各学年が金融に関する授業をした後、隣接している東京経営短期大学の教授による高学年向けの授業が展開されることになっています。自らが生産者になりきり、情報をどのように取り入れ、それに見合う商品を生産すべきなのかを考える体験的な授業を展開していただく予定です。（公開の年に私は異動となり、その後を見定めることができなかったのですが、公開当日には授業を参観することができました。）

誕生日祝い

学級担任のときには、クラスでお誕生会をしていました。3ヶ月に1度、つまり4月、5月、6月生まれの子たちのお誕生会というように。誕生日は、自分からはなかなかみんなに言えないけれど、やっぱり祝ってもらえると嬉しいものでしょう。

NEC ソリューションイノベータ株式会社の宗宮純子さんの授業

ユメカキ☆ JAPAN 代表の松田純さんの授業

そこで、職員室の担任である私は、教職員みんなの誕生日をスケジュール表に書き、誕生日の人がいたら、前日のうちに「○○先生　お誕生日、おめでとうございます」と前面のホワイトボードに書くことにしました。始めたからには、一人残らず忘れずに書かなければなりません。

　こうしておくと、先生方がお互いに「今日、お誕生日なんですね。おめでとうございます。」と声をかけたり、仲がいい先生にはプレゼントを渡したりと、先生方がつながっていくのです。

「学年会でケーキにしようか。」

「今日は、誕生日なんだから、早く帰ったら？」

という声も聞こえてきました。先生方同士のつながりができ、仲良くなれれば、職場の雰囲気がよくなるでしょう。そうすれば、孤立したり、一人でストレスを感じたりすることもなくなります。

　そんな中でも、「還暦」を迎える先生方には、特別にお祝いして差し上げたいと思いました。校長先生と事務さん、支援学級の先生の３人、人生の先輩先生です。誕生日前に、こ

っそり色紙を回し、お誕生日メッセージを募り、打ち合わせの際に祝いました。また、ケーキを用意し、校長先生はＰＴＡの方との休み時間に、事務さんはフリー部（担任以外の職員）の方々との給食時に、支援学級の先生は放課後の学年会時に、それぞれサプライズのお祝いをしました。ささやかなお祝いでしたが、たぶん喜んでいただけたと思います。

退職祝い

校長先生は3月に退職でした。退官祝いを企画するのは教頭の役目です。異動する先生方もいますので、退職の3月のうちに、校長先生の都合をお聞きし、日程だけは押さえておきました。校長先生は二俣小に4年間在校でしたから、過去4年間にさかのぼり一緒に勤務していた先生方全員に案内状を送りました。

開催は年度明けての7月1日に決定。それまでに、会場を押さえ、参加者名簿を作り、会費・運営費の予算を立て、その他のいろいろな仕事を先生方に分担させていただきました。

①会計担当

親睦会担当の先生に、会費をいくらにすれば記念品代、その他の必要経費に回せるか、親睦会費からいくら出せるか等、会計に関する事務を請け負っていただきました。

②お花・記念品担当

学校司書、教育相談員、スクールサポートスタッフの3人にお願いしました。予算の中で、上手にやりくりしていただきました。

③動画作成・上映担当

1年前から、皆さんに校長先生の写真をことある毎に撮ってもらい、パソコンフォルダに貯めておきました。それらを使って、パソコンが堪能な先生がスライドショーを作成してくれました。言葉が入ったり、BGMが流れたりと、専門家並みのプレゼン動画ができあがりました。

④アルバム発注

いくつかの写真データを送ると、製本されたフォトアルバムを作ってくれるサービスがあります。これは、私自身

が作成に当たりました。毎朝横断歩道で見守る校長先生、休み時間に子供たちと戯れる校長先生、町内マラソン大会に出場したときの校長先生、6年生に授業をしている校長先生等、いろいろな場面を1冊のアルバムにすることができました。

⑤席決め・席名札

古くから本校に勤務している先生には、校長先生が在籍した4年間の名簿を見て、年度ごとに話がしやすい方同士が近くに座れるよう、テーブルを割り振ってもらいました。季節柄、アジサイをあしらった素敵な座席表も作成してくれました。

⑥司会進行

プログラムも考え、職員の男女2人に司会を依頼しました。ユーモアがある方と司会の経験が多い教務主任にお任せしました。

⑦当日受付

ここでも、学校司書、教育相談員、スクールサポートスタッフの3人にお願いしました。当日は開場の30分前にお集まりいただきました。

⑧会場設営

パソコン、プロジェクター、題字等の設置です。用務員さんに担当していただきました。題字は、僭越ながら私が書きました。用務員さんにも早めに来ていただきました。

⑨スピーチ

各年度から2、3人ずつ、予め電話でスピーチの依頼をしました。楽しく懐かしい話を聞くことができ、校長先生のお人柄を垣間見ることができました。

年賀状に嬉しい言葉

学級担任のときには、クラスの子供たち全員に年賀状を書きましたが、教頭になってからは全教職員に年賀状を書くことはしませんでした。すぐ1月4日から勤務ですから。しかし、たくさんの年賀状を頂きました。言葉って、頂くととても嬉しいものですね。

・いつも味方になって頂き、ありがとうございます。今年も迷惑をかける年になりそうです。もう少しだけがんばろうと思います。（K・A先生より）

・今年は、より「学びの年」にしたいです。セミナー楽しみにしています。（S・A先生より）
・藤木先生に会えて、とてもラッキーです！　学ばせていただくことがたくさんあります。ご縁に感謝しています。まずは手帳を使いこなしたいです。（Y・S先生より）
・昨年は大変お世話になりました。いろいろと相談にものっていただき、とてもうれしかったです。今年度もよろしくお願い致します。（K・A先生より）
・先生の温かさにいつも救われています。今年も色々教えてください。（Y・A先生より）
・いつも子どもたちのことを気にかけてくださり、本当にありがとうございます。毎日がとても充実して、学ぶことばかりの日々です。子どもたちと頑張ります。（M・A先生より）
・藤木先生との出会いは、私の教員人生の転換期を迎えさせてくださいました。また今年もよろしくお願いします。（F・M先生より）
・藤木先生は、二俣小に新しい風を吹かせてくれました。（T・K先生より）

4. 児童の教育　やっぱり授業は楽しい

「教頭は、校長を助け、校務を整理し、及び必要に応じ児童の教育をつかさどる。」

とあります。教頭は、授業を行うことができるのです。学校事情によって違いはありますが、教頭も授業を担当します。学級担任の空き時間を設けるためではありますが、週に何時間かの授業は楽しみの一つです。私は、着任当初、6年生の書写を週1時間担当しました。（途中で、長期休暇に入った先生がおり、代替教諭が派遣されなかったため、教務が学級担任になり、教務が担当していた3年、4年、5年の書写も担当することになりました。週8時間は、楽しかったけれど大変でした。）

ただ習字を教えるのでは、物足りなく思い、習字の時間の中で「漢字の成り立ち学習」や「なぞなぞによる学び合い」を展開しました。

また、他にも時々教室に入り、授業をさせてもらうこともあります。伝統行事・祝日の意味を伝えたり、国語科や生活科に関わったり、紙芝居を使った道徳、日本が好きになる歴史（齋藤武夫先生の追試）を行ったり。やっぱり授業は楽しいものです。

そして、若い先生方に授業を見せるという気概も必要です。模範に足る授業を行えることも教頭としての資質の一つでしょう。私は、いつでも授業ができる教頭を目指しています。

漢字の成り立ち

【人に関する漢字】

絵を見せ、その絵からなんという字ができたかをクイズのように考えさせていきます。例えば、「花」という文字が教材だった日は、「人」から入りました。人が反対方向を見ていたら「北」、同じ方向を見ていたら「比」、人が逆さになったら「化」という漢字になります。草が化けた「花」、革が化けたら「靴」、言葉が化けたら「訛」、貝が化けたら「貨」、人が化けたら「死」という漢字になります。

【青に関する漢字】

「友情」という文字が教材の日は、「情」を取り上げました。

先ずは「青」という字の成り立ちです。「土」は土から芽が出てきた様子、「生」は芽が育った様子からできました。「青」は「生」が変形したものと「丹」（井戸からとれる青い染料）が組み

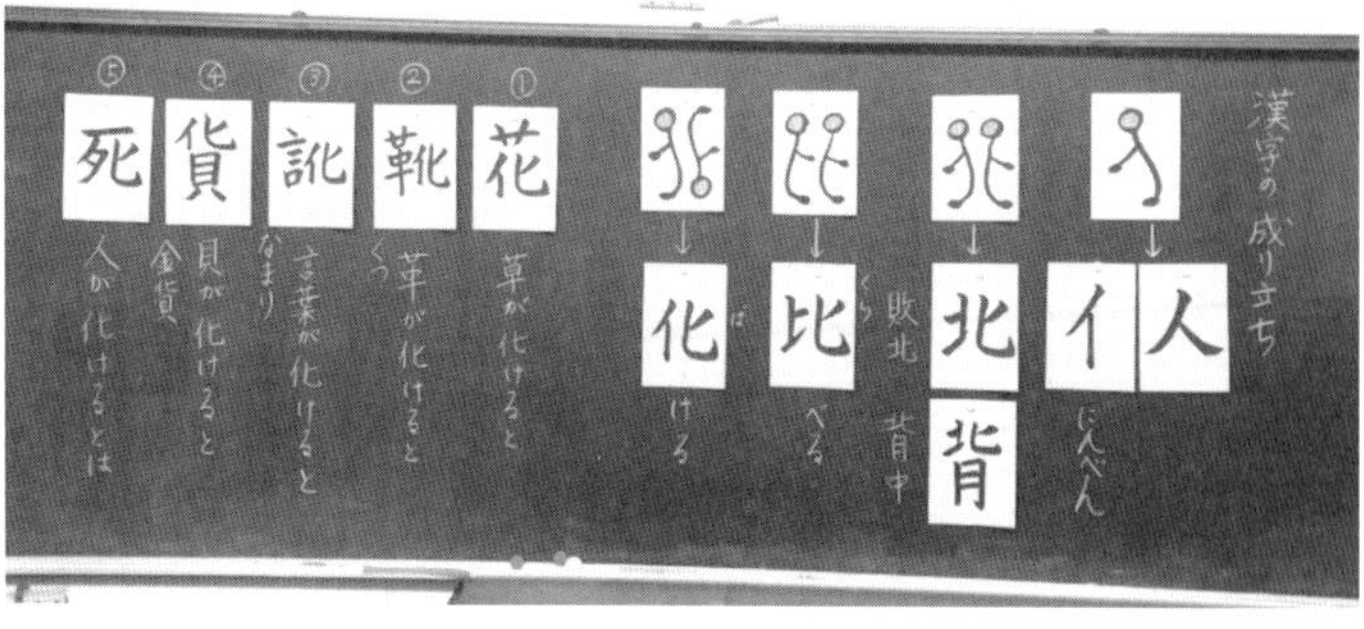

合わさった文字で、美しい、きれいという意味を持ちます。「清」は水がきれいなこと、「精」は米をついて汚れを取ること、「晴」は空が澄み切った様子、「情」は心の底にある美しい気持ち、「静」は争いごとがなくて穏やかなこと、というように「青」の付く文字の成り立ちをクイズ形式で説明していきました。

なぞなぞによる学び合い

授業の最後になぞなぞの問題を出すということもしました。（ここで紹介するなぞなぞは、学校に来ている保険会社の方が、毎月自分のＰＲのために持ってくる手書きのお便りに掲載されていたものです。）習字の作品を書き終わって、片付け始める子が出てきたタイミングで、黒板に問題を書きます。例えば、「安藤さん、伊藤さん、江藤さん、にこっと笑うとパパに

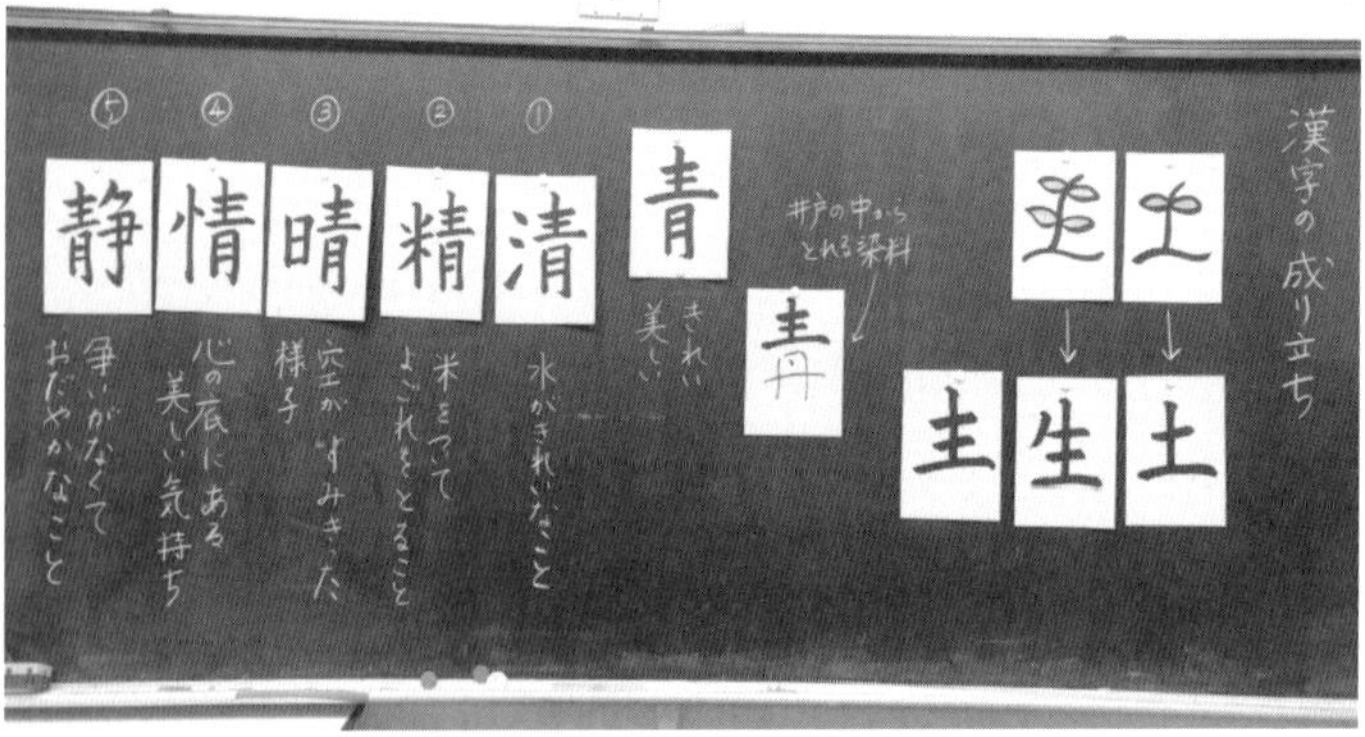

なるのは誰？」というような問題です。

相談や教え合いは禁止にします。授業時間内に分かった人は、廊下に出て答えを聞きます。必ず理由も言わせます。理由がきちんと分かりやすく話せなければ正解にはなりません。授業が終わってからも、休み時間に私を訪ねてきて答えを言う子もいます。

模範解答は次の通り。

「答えは江藤さんです。なぜなら、にこっと笑うということは笑顔になるということ。笑顔という言葉を、『「え」が「お」になる』と言い換えて、江藤さんの『え』を『お』にすると『おとう』さんになるから、にこっと笑ってパパになります。」

次の授業の最初に、まだ分からない子に対し、正解した子にヒントを出させます。例えば、「にこっと笑うということを、他の言葉にします。」「パパという言葉を、違う言葉にすると分かります。」などが出てきます。これで分かった子が「あー！　分かった！」と悲鳴をあげる場面もありました。それでも分からない子は、「正解した人のところに行って、教えてもらいましょう。」と指示を出し、正解者は一生懸命にその子が分かるように解説します。

これは単なるなぞなぞ遊びではなく、「思考力、判断力、表現力」を付けるのにも役立つと私は思っています。

他にも、「小説家、画家、歌手、秘密を持たないのは誰でしょう。」「白い犬と黒い犬、おとなしいのはどちらでしょう。」「自己紹介をしています。『私はア行のアです。』『私はカ行のクです。』いったい誰と誰？」などを問題に出しました。

「小説家、画家、歌手、秘密を持たないのは誰でしょう。」の答えは歌手です。秘密を「隠し事」という言葉に置き換えてみましょう（これがヒントになります）。小説家は小説を書く仕事、画家は絵を描く仕事、歌手だけはかく仕事がありません。かく仕事がない、つまり隠し事がないからです。

「白い犬と黒い犬、おとなしいのはどちらでしょう。」の答えは黒い犬です。大人しいを「黙る」という言葉に置き換えてみましょう（これがヒントになります）。黙という字をよく見ると、黒という字と犬という字の組み合わせです。だから黒い犬が黙る、つまり大人しい犬です。

「自己紹介をしています。『私はア行のアです。』『私はカ行のクです。』いったい誰と誰？」の答えは井上さんと木下さんです。あいうえおの「あ」は「い」の上、かきくけこの「く」は「き」の下にあるからです。

伝統行事・祝日の意味を伝える

ゴールデンウィークの前に、職員室でこんな会話が聞こえてきました。
「祝日が土曜日だから、振り替え休日がなくて残念……」
先生方は、子供たちに祝日の意味を伝えているのか気になりました。連休は、いろいろ予定があって楽しいものですが、今日が何の日なのか、どういうふうに過ごすといいのか、前日に少しでも話してあげられたらいいなと思います。高学年でしたら歴史に関わる話ができますし、低学年でしたら季節を感じたり伝統文化を伝えたりできます。工夫次第で、道徳としても展開できます。そこで、先生方に、いくつかの授業例を提示し、祝日の前には祝日の意味をきちんと伝えるように話をしました。（※先の「職員室だより」でも掲載しました。）

【例えば「昭和の日」なら……】

問：４月29日は何の日でしょう？

１９８８年までは「（昭和）天皇誕生日」でした。１９８９年からは「みどりの日」になりました。そして２００７年（平成19年）から「昭和の日」になりました。

問：なぜ、平成になって19年もたってから「昭和の日」となったのでしょう？

「昭和の日」は「激動の日々を経て、復興を遂げた昭和の時代を顧み、国の将来に思いをいたす日」とされています。「激動の日々」とは、戦争や敗戦をさし、「復興を遂げた」とは、戦後、日本が経済、産業などでめざましく立ち直り、先進国と言われるまでになったことを言っています。戦争で生き残った人々は、戦争で亡くなった人の分も頑張ろう、そして日本を立ち直らせようと必死で勉強し、懸命に働きました。その結果、日本は世界でも上位の学力を修め、自動車やパソコン、カメラなど世界に誇れるものを生み出しました。たとえ貧しくとも、礼儀正しく、正直で高貴な日本人の気質が失われていなかったのです。ときは平成になりましたが、昭和天皇の誕生日4月29日を、昭和のよき日本を忘れないために「昭和の時代を顧み、国の将来に思いをいたす日」にしたのです。日本をさらによい国にしていくのは君たちです。よろしくお願いしますね。

【例えば「こどもの日」なら……】

「こどもの日」を「端午の節句」とも言います。中国から伝わったものとされています。端午とは本来は月の初めの午の日のこと。「午」の音が「五」に通じるところから、5月5日をさすようになりました。

問：なぜ、端午の節句にかぶとを飾るのでしょう？

5月5日は菖蒲を飾ります。「菖蒲」と「尚武（武具や武勇を重んじること）」が同じ読みであることと、菖蒲の形が剣の形に似ていることから、男の子にたくましく育って欲しいという願いを込めてかぶとを飾るようになったと言われています。

問：鯉のぼりを飾るのはどうしてでしょう？

中国には「黄河という大きな河の中程にある竜門という流れの速いところを登り切った鯉は、竜に化ける」という話があります。日本でも「鯉の滝登り」という言葉がありますが、これは、立身出世、成功して立派に成長することを意味しています。将来、夢が実現することを願って鯉のぼりを飾るのです。

男の子がいない家庭でも、病気や災厄を追い払うために、菖蒲を浮かべたお風呂に入ったり、ちまきや柏餅を食べたり、背比べをしたりする風習があります。（柏餅やちまきについても調べてみてください。）

ちなみにこどもの日とは「こどもの人格を重んじ、こどもの幸福をはかるとともに、母に感謝する日」となっています。「母に感謝する」というところはあまり知られていません。自分を産んでくれたお母さんも讃えられる日なのです。ここから、次の「母の日」につなげていってもいいですね。（＊「こどもの日の由来と意味について」https://oggi.jp/6186327 参照。２０２０年９月24日閲覧）

国民の祝日には、それぞれ意味があります。そのことを念頭において過ごしたいと思います。伝統文化は家庭でもあまり意識されていないようです。なかなか柏餅を食べたり、菖蒲湯に入ったりしません。古くからの伝統行事や風習を、今我々が子供たちに伝えて行かなければ、子供たちが親になったときには何も伝わらなくなってしまいます。

これからの教育は、グローバル人材を育成することが大切だと謳われています。英語教育も大切なのかもしれませんが、日本人としてのアイデンティティを確立し、自国に誇りを持たせることが先決です。日本の歴史、伝統文化等の理解を深め、自国を愛することが、グローバル人材育成の第一歩であることを教職員に伝えました。そして、日本の良さ、素晴らしさについて、俳句や短歌、偉人伝や歴史的な出来事等を通して学ばせたいと思います。また、子供たちに地域行事への参加を促し、郷土を愛する心を育成し、地域の伝統文化を大切にする態度を養うことも大切だと思います。

児童数の移り変わり

七夕かざり
ねがいごとを
かいて ここに
つるしましょう

今年は 10月4日が
十五夜です。
きれいな お月さまが
見えるといいね。

そこで、地域人材を活用し、茶道や華道等の日本文化の体験活動を積極的に取り入れました。また、ささやかですが、七夕のときには昇降口に笹を飾り、短冊に願い事を書くコーナーを設けました。お月見の頃には、ススキを飾り、紙粘土で作ったお団子を飾りました。ほんのちょっとのことで、日本の伝統文化は引き継がれていくと信じています。

2年生の授業

11月頃、2年生のある学級が荒れてしまったので、関わることになりました。それまでにも、生活科「生き物を育てよう」や国語科「生き物について書こう」という単元のために、我が家で飼育していたヤドカリを提供していたことから、2年生とは関わりがありました。(私は、生き物を育てるのが好きで、職員玄関にはグッピーの水槽を提供しました。グッピーはどんどん増えるので、3年生、4年生からは教室で飼いたいという声が聞こえてきたら、お裾分けしていました。言っておきますが、一番好きなのは、もちろん子供を育てることですよ。)

【道徳の授業　手作り紙芝居「心がキラキラ　いいこと貯金」】

まずは道徳から入りました。よい行いをクラスに広めたいと思いました。これは、心の貯金箱を、キラキラ星でいっぱいにしようという紙芝居です。お互いに友達のよいところを見つけ、認め合えるクラスになるよう、よいことをしたらキラキラ星シールをもらえる、という実践付きです。それでは、紙芝居の始まり始まり～。

カンタとナナは2人とも宿題を忘れました。

先生はナナには、「明日やってくれればいいよ。」と言い、カンタには、「今日中にやってから帰ること。」と言いました。

問1：こんな先生をどう思いますか？

・男の子にきびしい、こわい、いじわる。
・ずるい、ひいきしている。
・カンタはへらへらふざけているし、いつもわすれているから、あたりまえなんじゃないのかな。

問2：先生はなぜ、2人にちがうことを言ったのでしょう？

・ナナは、ちゃんと反省しているから。
・カンタは、にやにやふざけて言ったから。
・カンタは、今までの宿題もたくさんたまっているから。

では、ここでナナとカンタの心をのぞいてみましょう。

心の中には貯金箱があっていいことをすると、どんどんキラキラ星がふえていくのです。これを「いいこと貯金」とよびましょう。

ナナの心の中は、ふだんからいいことをしているので、キラキラ星でいっぱいです。だから、1回宿題を忘れて、キラキラ星がへっても、まだキラキラしているのです。だから、明日までにやってくると信じてもらえたのです。

いいこと貯金は、よくないことをすると減っていき、一つもなくなる

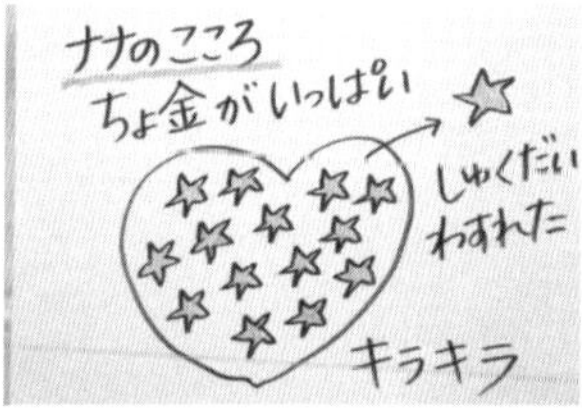

と今度は「まっくろ星」が入ってきて、心がまっ黒になってしまうのです。

カンタの心は、ふだんからよくないことをしているので、まっくろ。だから、宿題を明日までにやってくると言っても信じてもらえないのです。

いいこと貯金は、見えないようで、実はみんなに見えているのです。班長さんを決めるとき、「ナナがいい人？」と聞いたらたくさんの人が手をあげました。でも「カンタがいい人？」と聞いてもあんまり手があがりませんでした。日頃の行いを周りはちゃんと見ているのです。

では、まっくろになった心は、もうならないのでしょうか？

決してそんなことはありません。いいことをし続けると、やがていつかはキラキラ星でいっぱいになります。

問3：では、「いいこと」ってどんなことでしょう。

・やさしくする・かしてあげる・ゆずる・ごめんなさいが言える・たすける・けんかをしない・ありがとうを言う・なかよくする・しんぱいしてあげる・人の心をわかってあげる・はなしをきいてあげる・ひとりぼっちの人がいないようにする・なぐさめてあげる・先生のはなしをよくきく・べんきょうをがんばる・じゅぎょう中たくさんはっぴょうする・かんそうをたくさんかく

最後に、感想を書いてもらっているときに、画用紙で作ったハートを配ります。感想を書いていたらそれは、『勉強を頑張っている』ということで、キラキラ星のシールを貼ってあげます。そして、「これからいいことをしたら、シールを貼ってね。」と言って、教室にシールの束を置いていきます。キラキラ星のいいこと貯金、たくさんたまるといいですね。

【国語科　「アレクサンダとぜんまいねずみ」～お話しょうかいハウスを作ろう～】

このクラスは、授業中に先生の話を聞かず、手遊びやおしゃべりをしている子が少なくありませんでした。そのうちに口げんかが始まり、トイレに行きたいという子が次から次へと出てきて、立ち歩きが始まり、口げんかがいつのまにか取っ組み合いになっているというのが日常的な授業の風景になりつつありました。

そこで、私は毎日1時間、国語の授業に行きました。（校長先生が算数を受け持ちました。学年2クラスでしたので、担任2人が交換授業をしたり、給食や掃除をクラス半分ずつ組み合わせたりして、いわゆる学級崩壊を阻止する対策もとりました。）

最初は、なかなか授業に集中できないので、「間違い探し音読」をしました。一文ずつ教師の後に続いて音読させるのですが、時々私がわざと間違った音読を聞かせます。そういうときは「ちがう！」「○○だよ！」と言わせます。みんな、

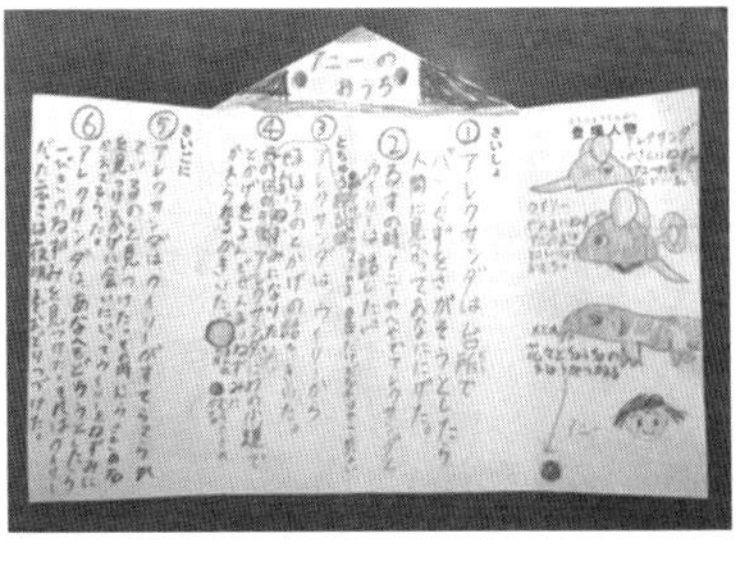

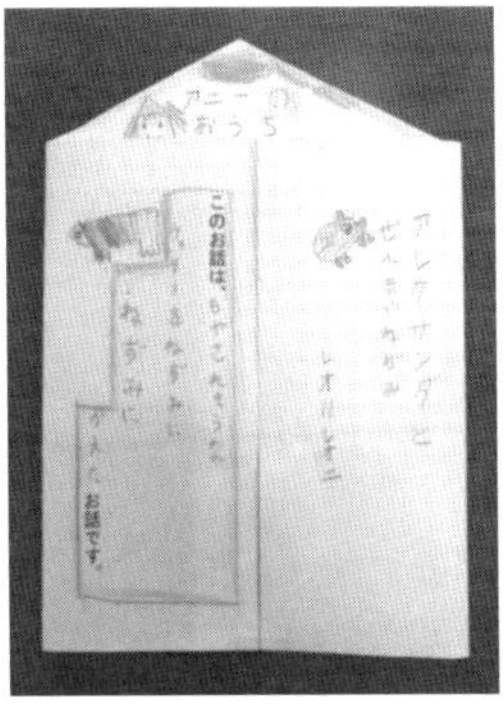

先生が間違えると、笑いながら反応してきます。これで、集中して文字を追うことができるようになりました。

さて、「アレクサンダとぜんまいねずみ」の授業ですが、次のように進めました。

（これは、文部科学省国語科調査官をされていた水戸部修治先生のご著書[*3]を参考に追試したものです。）

画用紙を縦に4つ折りにし、真ん中に屋根ができるように切り取ります。これが、「お話しょうかいハウス」です。ここに、授業で読み取ったことを書き込んでいきます。

①登場人物のお部屋：イラストに登場人物の特徴を書き込みます。

②あらすじのお部屋：最初、途中、最

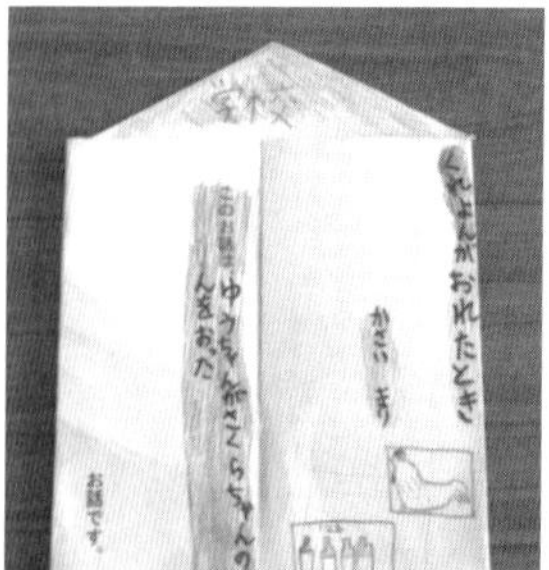

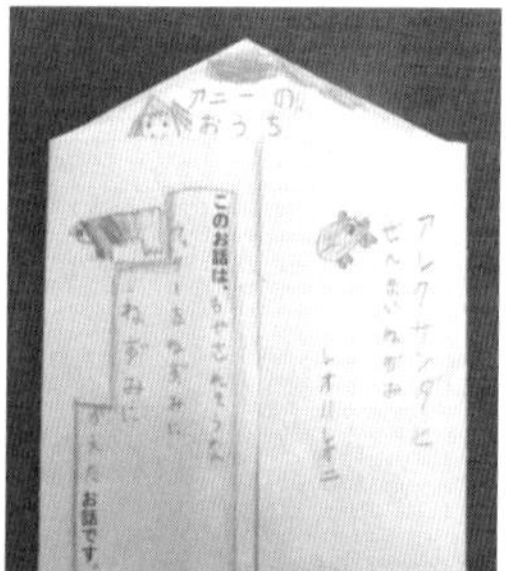

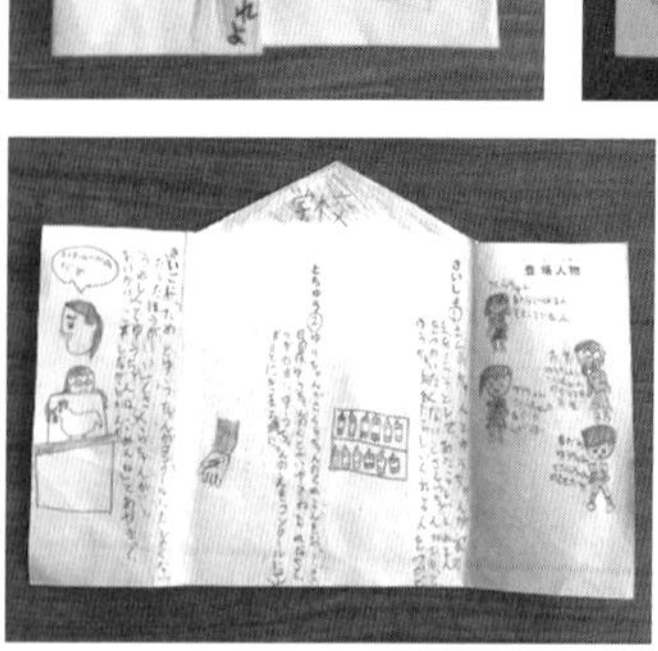

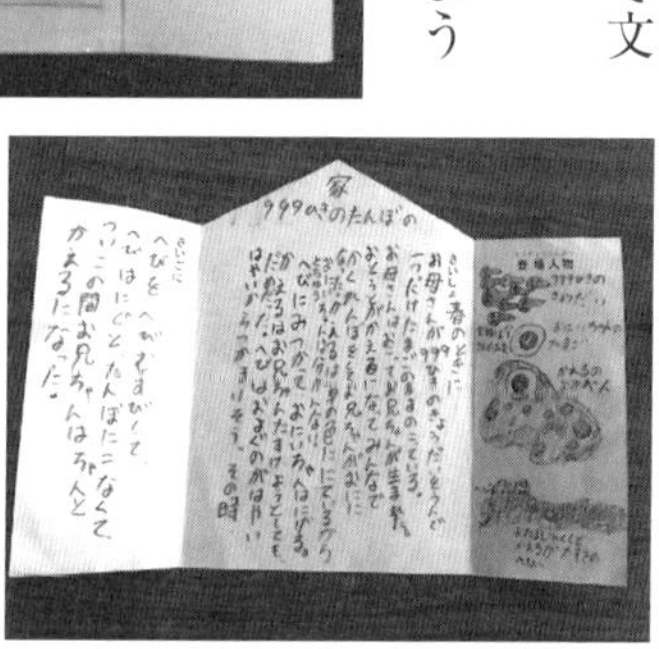

後に分けて、簡単な内容を書きます。
③右の扉：題名と作者
④左の扉：この本の一言紹介
この手法を生かして、個々に選んだ他の本でも「お話しょうかいハウス」を作るという発展も子供たちは楽しく集中して行うことができるようになりました。

6年生の授業

6年生の社会科、歴史の導入の授業。齋藤武夫先生の「日本が好きになる！歴史全授業」の追試です。日本人は諸外国に比べて、自尊心（自己肯定感）が低いと言われています。「どうせ……」「自分なんか……」という思考回路は、敗戦後の自虐的な歴史教育からきているという見解があります。日本人なのに、日本を好きではない、日本のことをよく知らない。そんな子

＊3　水戸部修治編著『新学習指導要領&3観点評価対応！　小学校国語科　質の高い言語活動パーフェクトガイド　1・2年』明治図書出版、2018年。水戸部修治編著『「単元を貫く言語活動」を位置付けた小学校国語科学習指導案パーフェクトガイド　1・2年』明治図書出版、2014年。

供たちが、国際社会で活躍できるでしょうか。先人への感謝と日本人としての誇りを育むことが、歴史教育の大きな目標の一つなのです。

【社会科 「歴史を学ぶ心の準備をしよう」～歴史の導入～】

問：「歴史」の学習って何を学ぶイメージですか？

㊗ 昔のこと 過去の出来事 偉い人のこと 有名な人物について

「そうですか。今日はそのイメージを変えて見せましょう。」

㊈ 自分の家の家系図を書いてみましょう。（祖父母まで書かせる。）

父母2人、祖父母4人、曾祖父母8人、その上は16人。25年で一世代と考えると、100年で16人のお先祖様がいます。200年前までさかのぼると、32人、64人、128人、256人。（プリント配布）400年前は、6万5536人、800年前は21億人。（800年前にはそんなに人口がいないという矛盾は、授業の最後に解決させます。家系図の中に、兄弟がいる等、同じ人を何度も数えているから。つまり、日本人はほとんどみな親戚と言えます。）

これだけいたら、西郷隆盛と親戚だったり、織田信長の家来だったり、源頼朝の知り合いだったりしたご先祖様がいたかもしれませんね。

そして、21億人のうち、誰か一人でもいなかったら、自分はいないのです。奇跡的な命のつながりがあって、今ここにあなたが存在しています。これを「命のバトン」と言います。もしも、あなたが自分の命を粗末にしたら、21億人もいるご先祖様に申し訳ないだけでなく、これから先につながる命をも粗末にしてしまうことになるのです。

実は皆さんが今ここに平和に存在しているのには、もう一つのバトンを受け取っているからです。

問：日本は特別な国と言われていますが、それは何故だと思いますか？

㊙（地図を見せる）島国　海に囲まれている

そうなのです。日本列島は1万6000年前に大陸から離れました。出ていく人もいない、入ってくる人もいない、他国からの征服もなければ滅亡もありませんでした。他の国は、支配する王が変わったり、国の名前が変わったりしていますが、日本はずっと日本なのです。世界で一番古い国と言えます。

戦後7年間だけはアメリカの支配下にありました。文字をローマ字にせよ、米でなく小麦を使ったパンを主食にせよ、古典を学ばせてはいけない等の要求を頑なに受け入れず、日本の伝統文化を守ったのは当時の日本人たちです。戦後の日本の復興も素晴らしかったのです。戦後わずか20年で、東京オリンピックを開催することもできたのです。

このように、私たちの先祖が、日本という国を守り、発展させてきました。これを「国つくりのバトン」と言います。

問：この「国つくりのバトン」を未来につなぐのは誰ですか？

㊍ 私たち　僕たち

今年は、コロナ禍という歴史に残る1年になりますね。世界中がコロナと戦っています。日本は、他国と比べると感染をおさえています。国民みんなで頑張っているからですね。

歴史の学習は、決して過去のことだけではありません。過去から学んだことを、未来に生かしていく。それは、有名な人だけでなく、国民一人一人。皆さんもその一人。他人事ではなく自分事として考えてほしいと思います。これからの日本をよろしくお願いしますね。

【感想】

・昔から何人もの人のバトンがつながっていて、今の自分がいることにおどろいた。これからそのことを意識して命のバトンをつなげていこうと思った。国つくりのバトンでは、昔の人が、日本を必死に守ったのだなあと感心した。

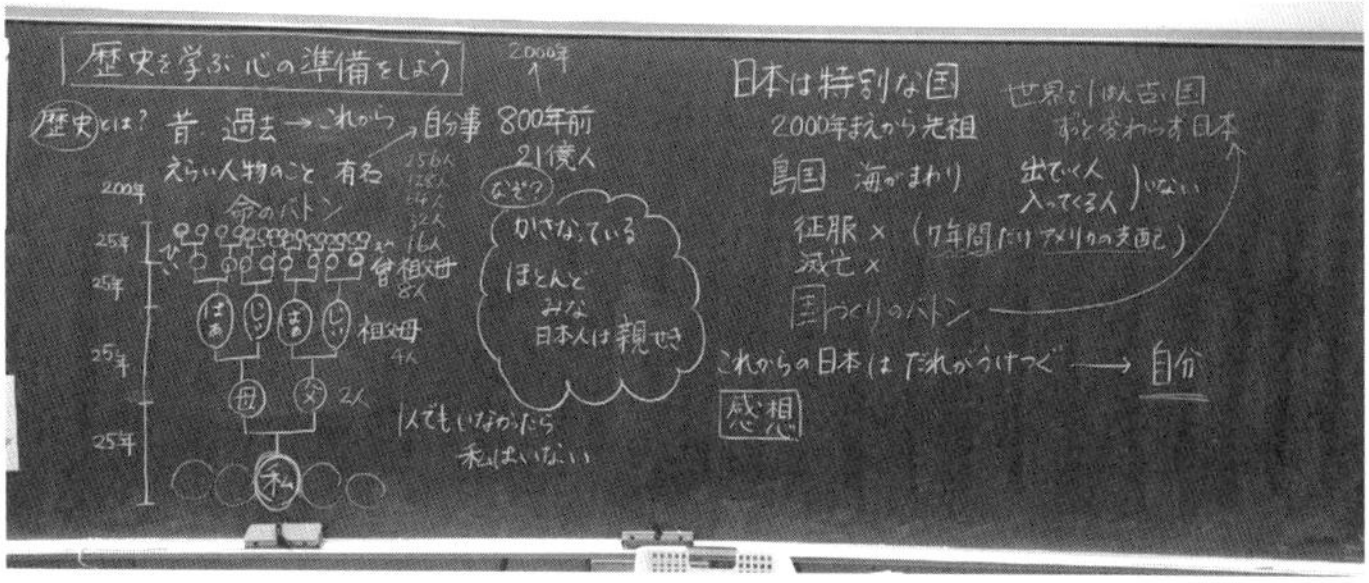

・最初は有名な人の昔のことと思っていました。私のご先祖様が一人でも欠けていたら私はいないと考えると少しこわくなりました。私も自分の命を大切にしていきたいと思います。

・この授業を受けて、歴史のイメージが変わった。日本はめずらしい国だと知っておどろいた。日本人はほとんど親せきなので、様々な人に優しくしたいと思った。

・アメリカに支配されていたとき、日本の文化をうばわないでくださいと言った人はすごい勇気があったと思う。このままの日本を保つために、僕たちが国つくりのバトンをつなげていかないとと思った。

・昔の人は今のためにがんばってくれたんだと思った。ただえらい人ではなくて、みんなが頑張ってきて今があるんだと思った。歴史の勉強が楽しみになった。

（参考文献：齋藤武夫『授業づくりＪＡＰＡＮの日本が好きになる！歴史全授業』授業づくりＪＡＰＡＮさいたま、２０１５年）

5. 感謝　やらかした失敗・乗り越えた危機

やらかした失敗　〜おっちょこちょいは生まれつき〜

「教頭」とは、率先垂範となるべき存在であり、常に襟を正し、間違った行動をしてはならない……ものなのでしょうが、私のおっちょこちょいぶりが明るみに出てしまいました。

①男子更衣室に間違えて入ってしまった事件

着任当日、女子更衣室に入ろうとしたのに、一つドアを間違えました。そのとき、ちょうど校長先生が見ていて、「たまにはどうぞ。」と言ってくださいました。こういう切り返しをしていただくと助かります。

②出勤印を校長の欄に押してしまった事件

このときも校長先生が「昨日、教頭になったばかりなのに、もう出世しましたね。」と笑いに変えてくださいました。緊張で実はガチガチだった私の心をほぐしてくださいました。本当に有り難く思いました。

③卒業証書フォルダ発注忘れ

しかし、笑ってごまかすわけにはいかない失敗もありました。自分のことではなく、学校全体に関わること、ことに子供に関わることは笑えない失敗です。

卒業式間近になって、卒業証書フォルダがどこに置いてあるのか、担当学年が探し始めました。ついに見つからず、私のところに尋ねに来たのですが、私は全く分からずにいました。

「毎年、教頭先生が秋口に発注してくださっていましたが……」

「え、6学年が発注するのではないの？」

「いいえ、教頭先生が発注することになっていますが。」

「私、発注してない。」

探してもないはずです。ときに12月。いつも発注しているという業者Aさんに電話すると、間に合うか分からない、返事をもう少し待って欲しいとのこと。そこで、私は、かつてお世話になっていて懇意にしている別の業者Bさんにも頼んでみました。どうにかやってみるけど、ここで新しく版を作るより、昨年まで発注している業者Aさんの方が版があるから早いと思うというアドバイスをしてくれました。

そこで、業者Bさんにスタンバイしてもらって、業者Aさんからの返事を待ち、どうにか卒業式前日までに届けてくれるという確認をもらいました。業者Bさんには、お断りの電話を入れました。このように業者さんには、いつもわがままを聞いてもらっています。

卒業証書フォルダは、無事に（?）卒業式前々日に届きました。

かなり危ない綱渡りでした（笑）。しかし、日頃から人脈を広げておけば、情報も入るし、助けてもらえます。人と人とのつながりを大切にし、お互いに困ったときには助け合える関係づくりがこれからはとても必要なのではないかと思います。

乗り越えた事件　～いつも職員に支えられて～

学校では、様々な事件が図らずも起きるもの。その時々で判断をして、教職員を動かすのが教頭に任された任務なのですが、私はここでも皆さんに助けられ、乗り切ることができました。本当にチームとしての結束力に感謝しています。

①隣の工事現場で火災

学校の隣の敷地では、物流センター建築の工事が行われていました。大きな音はするし、粉塵は校庭に飛んでくる。ですから、授業や行事に差し障らないように事前に打ち合わせをしたり、打ち合わせ通りでないときには苦情を入れたりしていました。

ある日の5時間目。私は、校庭周りの草取りをしながら6年生の体育を見ていました。すると、なんだか焦げ臭い匂いが漂い、空を見ると黒いいくつもの灰が舞っていました。

「火事！」

そう思ったときには、すでに6年生の担任は子供たちに校舎に入る指示を出していました。

私は職員室に戻り、

「隣の工事現場で火災が起きているようです。教室の窓を閉め、次の放送が入るまで、教室で静かに待機するようにしなさい。」

と放送しました。その間に、ある先生は学校中の窓や扉を閉め、ある先生は携帯電話を持って屋上に上がり逐一状況を報告する役をやってくださり、養護教諭は市教委の保健体育課に火災の煙が人体に及ぼす影響を尋ねていました。私は、教育委員会に近隣の火災の報告をすると同時に、今後の対応について尋ねました。下校を見合わせ、一時教室待機することにし、校内放送と保護者へのメールを配信。煙が収まった1時間後に、まだ異臭がしていましたが、全員にマスクをさせて下校させることにしました。

この日、校長は出張で不在でした。すべての責任を背負っての判断を私がしなければならなかったのですが、チームの力に助けられました。今回の迅速かつ的確な対応は、日頃から、チームで動いてきた積み重ねの成果だったと思います。教職員の皆さんに心から感謝しています。

②招かざる客

ある雨の朝のこと。おばあちゃんが5年生の教室に来て、○○さんの席に座っていると報告を受けました。誰かのおばあさんが子供を教室まで送ってきて、疲れて休んでいるのだろうと思い、しばらく放っておきました。ところが、誰のおばあさんでもないし、誰も知らないおばあさんであること、もしかしたらぼけているのではないかという2度目の報告を受けました。「もう、忙しいのに……。どういうおばあさんよ。」と心の中で文句を言いながら5年生の教室へ向かいました。子供たちは、心からおばあさんを心配して見守っていました。私は、自分の了見の狭さを反省させられました。

履いてきた外靴のまま、教室に入ったようで床はびしょびしょ。傘や服からも雨水が垂れています。子供たちが床を拭き始めています。そこの席の子は、座ることができずにおばあさんを見守りながら、立ちすくんでいます。どうやら子供たちの言うとおり、認知症を患っているようです。とりあえず、事務室に連れて行きました。

いろいろと話を聞いても、つじつまの合わない返事が返ってきます。どうにか名前と住んでいる町は分かりました。携帯電話には着信がたくさん来ていました。返信してもらい電話を代わると、娘さんだということ、昨晩から徘徊して行方が分からなかったことが判明しました。

タクシーを呼んで、ご自宅の住所を告げ、お見送りをしました。それまでの間、用務員さんはご丁寧にお茶菓子を出してくれ、事務職員さんは服を拭いて体を温めてあげ、ずっとつじつまの合わないおしゃべりをして、ある職員は自分のもういらないという靴をおばあさんに提供するなどして、時間をつないでくれました。

地域住民との連携が推進されている昨今、これも学校の役目の一つなのかとも思います。一方で、学校というところがいかに無防備かということも考えさせられました。保護者を装えば、いとも簡単に教室に踏み込めるのです。この双方の矛盾をどうするかが、新しい課題となりました。対応に当たってくださった職員の皆さんに感謝です。

③アナフィラキシーでエピペン発動

登校時に具合が悪くなり、友達に付き添われて職員室に来た1年生の女の子。アレルギーを持つAさんでした。毎日、給食時には持参したお弁当をたべている子です。明らかにアレルギ

ー反応を示しています。全身じんましん、呼吸困難が見られました。次第に唇が青くなり、嘔吐。意識が遠のいていくのが分かります。私は、

「Aちゃん！　Aちゃん！」

と、遠のいていく意識を呼び戻すのに必死になっていました。そして、養護教諭によるエピペン投与が行われ、救急搬送によりことなきを得ることができました。

始業前の職員室で、出勤していた先生方みんながそれぞれにできることを考え、実行した結果です。ランドセルを足の下に置いた先生。保管しているAちゃんの薬を持って来てくれた先生。目隠しにと毛布を持って来てくれた先生。時系列に詳細な記録を取ってくれた栄養教諭。「エピペン打ちましょう！」と判断し、落ち着いてエピペン投与をした養護教諭。（後から聞いたら、初めてのことで手が震えていたと言っていました。）それと同時に119番通報をしてくれた教務主任。外回りをしていた校長に伝令に走ってくれた体育主任。これらすべてが、ほんの5分間ほどで行われたのです。

この対応は、搬送先の医師に褒められました。さすが我が校のチームワーク。私一人では小さな一つの命を助けることはできなかったと思います。この経験は、今後それぞれの危機管理力として生かされることでしょう。私には、感謝しかありませんでした。

第4章

やってみたらやりがいが見えてきた管理職という生き方

1. 信条 モットーにしていること

いつも笑顔、いつも元気、いつも誠心誠意 ～どんなに忙しくても～

「教頭職は、一番忙しい」というのが通説のようです。確かに朝早くから出勤し、遅くまで残って仕事をしています。計画的にやればいいのにと思われるかもしれませんが、計画的にできない仕事なのです。毎日、教職員対応、児童対応、保護者対応、業者対応等、予期せぬ対応が余儀なく入ってくるからです。しかし、それがまず第一優先。予期せぬことが入ってくるのが当たり前。いやな顔をしてはいけないと決めました。

いつも笑顔でいよう。心と体の健康を保ち、いつも元気でいよう。そして、どんなに忙しいときでも、パソコンから顔を上げ、相談や報告にいらした教職員、児童、保護者、業者の方に誠心誠意を尽くそうと思います。

すぐやる！　～「あとで」「そのうち」「いつか」はNG～

児童が怪我した！　倒れた！　脱走した！　という通報があれば即、走る。これは当たり前。そうでないものは、「あとで」「そのうち」「いつか」と思ってしまいがちです。とくに、些細なことを頼まれるとそう思い、結局やり忘れ、後で謝ることになってしまいます。私は、5分～10分でできることなら、今やっていることを止めて、すぐやると決めています。メモするより、やってしまうこと。また、10分以上かかりそうだけれど、深く考えなくてもできることなら、今やっている仕事のすぐ後に組み込む。そして、いろいろ考えなくてはならないことなら、時間がとれる夜に回す。そんなふうに仕分けしています。

学級担任のときと違って、手帳はバーチカルに変えました。時間を取らなければならない案件については、必ずいつやるかも決めて手帳にメモするのです。

それでも抜けてしまうことが懸念されます。きっと頼んだ方は、「いつやってくれるのかな。」「まだやってくれないけど、もう一度は頼みづらいな。」と思っているはずです。ですから、「私が忘れていたら、遠慮なくもう一度せっついてね。」と、保険をかけるようにしています。

提出文書の期限を守る　～締め切りの1週間前には目処をつける～

突然、前触れもなく対応しなければならないことが起きる学校現場です。文書の提出を締め切り期限ぎりぎりに設定していると、不測の事態が入ってしまった場合、提出が危ぶまれてしまいます。ですから、私は、できるだけ期限の1週間前に提出することを心掛けています。手帳に書き込むときに、正式な締め切り日に赤で文書名を書きます。その1週間前の日に青で文書名を書きます。目覚まし時計を2段階に設定するのと同じです。

時間がかかりそう、作成が大変そうだという文書については、少し手掛けてみることにしています。そうすると、後どれくらいこの文書に時間をかければいいか、ここまでやっておけばすぐにできる、と見通しを持つことができるのです。どうするか考えなければならない内容のものでしたら、頭の片隅に置いておけば、ふとしたときにアイデアが浮かぶこともあります。

このように、仕事に追われないように工夫することで、ほとんど締め切りを守って提出ができます。不測の事態に備えて空けておいた時間ですから、不測の事態が起きなければ時間に余裕ができます。ですから、私は早く退勤できる日もありますし、土日に学校で仕事をすることがあまりありません。

メモ魔になる　～なんでもノート～

日頃から「ホウ・レン・ソウ」を心掛けるように言っていますので、いろいろな情報が入ってきます。すべての情報を、とにかく書いておくこと。汚くてもいいから、とにかく時系列にメモに残します。教頭に義務化されている「学校日誌」より、ずっとリアルで役に立つノートになります。

一番役に立つのは、保護者対応でしょう。担任から、児童の様子、指導したことなどが寄せられます。担任では、解決に至らなければ管理職に対応が回ってきます。そのときに、すでに担任から聞いた話がメモされていたり、連絡帳のコピーが貼ってあったりすれば、話がスムーズに進みます。もちろん、電話で対応するときは、聞きながらメモします。

校長先生から、「○○の件、どうなっている?」と聞かれたら、「それはですね。……。」と即答できるようなノートにしておくことを心掛けます。教頭は、メモ魔であること。これが大切です。

いいところ見つけ　～1日1回教室見回りをして～

事務的な仕事が多いのですが、必ず1日1回は授業中に教室を見回ることにしています。ドアの窓越しに覗いたり、ときにはそっと中に入ったりします。挨拶は無用。授業をそのまま続けて欲しいので、そういうときには、無視していいということを言っておきました。

そして、素敵な実践をみつけたら、「いいところ見つけ」として「職員室だより」で紹介し、皆さんに広めるようにしました。掲示物や展示物、整理整頓された場所、すばらしい板書などは写真にとって載せました。互いに良い実践をシェアできれば、学び合う教師集団となります。主体的に学ぶことは、児童だけでなく、教職員にとっても大切な営みだと考えています。

一人職を大切に　～ときにはおしゃべりを～

担任以外の職員、つまり教務主任、音楽専科、養護教諭、

栄養教諭、事務職員、用務員などです。この方たちをまとめて、「フリー部」と言ったりします。担任のようにあまり学校の表舞台には出ませんが、この縁の下の力持ちとも言える存在を大切に思うようにしました。

担任は一人が休んでも、どうにか同じ学年で協力体制を整えられます。悩みがあれば、同じ学年の先生に相談に乗ってもらえるでしょう。しかし、この「一人職」の皆さんには替わりがいません。悩みを相談する仲間もいません。ですから、いつでも気持ちよく仕事ができるように、声を掛けたり、差し入れをしたりしています。1日に1回は、事務室や保健室に足を運ぶようにしています。なんでも相談できるような雰囲気を作るためにも、普段から何気ないおしゃべりをして、親しくなることを心掛けています。

ときには言いづらいことも言わねばならぬ　～不祥事を防ぐため～

管理職は職員を指導して管理しなければなりません。言いづらいことも言わなければならないのです。とくに不祥事につながるような案件は、小さなうちに摘まなければなりません。

講師（正式採用ではなく臨時的に任用されている先生）の方や、市の職員の方等は、県で正式に採用された方のように研修を受けていないので、学校で勤務するに当たり伝えなければならないことがあります。

企業を定年引退してから、初めて学校で働くことになった市の職員がいました。勤務時間中に携帯をいじっていたり、なんでもかんでも写真に撮ったりしていました。私は、地方公務員法から説明することにしました。勤務時間中は職務に専念する義務があること（だから、携帯をいじる等、私的なことに時間を使ってはいけないこと）、公務員として県民からの信用失墜行為を行ってはいけないこと（不用意に児童の写真を撮ってはいけない）等を話し、行動を改めてもらいました。年上で、企業でもそれなりの地位を努めた方であったので、とても言いづらかったのですが、そのままにすることはできませんでした。

若手の先生方の中にも、放っておけない案件がいろいろあります。子供のために良くないと思われること、このままでは苦情や不祥事につながると予測されること、今言っておかなければ将来困るだろうことは、たとえ、そのときの人間関係が崩れたとしても言わなければなりません。ダメなことはダメと言えることが、きっとその先生の将来には役に立つ、そう信じて指導、管理に当たっています。

保護者や地域を大切に　～共に子供たちを育てるために～

ＰＴＡの役員と学校をつなぐパイプ役が教頭です。ＰＴＡ役員になってくださった方は、ボランティアで学校のために奉仕してくださいます。いつも感謝の気持ちを伝えたいと思います。本当はすごく忙しくて切羽詰まっていたとしても、職員室を訪れてくださったときには、笑顔で席を立ち、話をするように心がけています。

また、町内会で行われる催し物があったら、なるべく教職員を誘って参加するようにしています。たいてい催し物は休日（土曜日、日曜日）に、飲み会は夜に行われることが多いものです。もうこれは勤務ではなく、「付き合い」なのだと割り切ります。吹奏楽部などが招待されて子供たちが演奏するときには必ず応援に行きます。子供たちも参加する町内のマラソン大会に、２人の教職員を誘って、大人の部に３人で出場しました。子供たちに応援されながら、一生懸命に走りました。私たちも、この地域を大切に思っているということを、行動や態度で示すことが大切なのだ

と思います。（マラソン大会のくだりは、後述させていただきます。）

こうして、家庭や地域に顔を売っておくと、いざというときに学校の味方になり、助けてもらうことができます。以前、東日本大震災のあくる日、学校に泊まっていた教職員にＰＴＡ会長がおにぎりとお味噌汁を朝ごはんに届けてくださったことがあります。近くのコンビニやスーパーには食べる物がなくなっており、夕飯も食べていなかった私たちはどんなに有難かったか、忘れられません。思えば当時の管理職の先生がＰＴＡと良い関係にあったからこその差し入れだったのだと思い返すことができました。

業者さんとも仲良くなる　〜ちょっとした差し入れが大事〜

学校に来て修繕工事をしてくださる業者、関係機関等の方がいます。それが仕事だと言ってしまえばそれまでですが、暑い日も寒い日も一生懸命に仕事をしてくださる方に、差し入れをしたくなります。缶コーヒーと缶のお茶を購入し、暑い時期には冷蔵庫で冷やしておき、寒い時期には湯煎します。ほんのちょっとの心遣いですが、とても感謝していただくことが多いです。

そうやって気持ちよく仕事に来ていただくようになると、ちょっと無理を言っても融通を利かせてくれることもあります。トイレの鍵を直しに来てくださったのに、視聴覚室のドアの不具合もついでに無料で直してくれたり、予算がオーバーしないように取り計らってくれたりと、とても好意的に、そして丁寧に作業をしてくれるようになります。

人脈を広げる　～自称　プリンセスの会～

他市の教頭に任命された私は、ほとんど知らない人の中に放り込まれました。人脈を広げなくてはと思い、新任教頭の研修の際に見回すと、女性が５人いました。研修が終わって、一番近くの女性に、

「私、Ｆ市から赴任してきた藤木と言います。よろしくお願いします。」

と言うと、その方からは、

「私はＣ市からなんです。」

と返ってきました。そこで、その方と一緒に、別の女性のところに挨拶をしに行ったら、他の女性も皆集まって、６人で挨拶をし合うことができました。Ｆ市からの私、Ｃ市からのＹさ

ん、そしてもともとI市勤務のKさん、Tさん、Mさん、Hさん。この6人は、とても気が合い、すぐに仲良くなりました。その後、6人の会を自称「プリンセスの会」と名付けました。それぞれディズニーのプリンセスである白雪姫、オーロラ姫、シンデレラ、ジャスミン、ベル、アリエルと役柄を決めました。（ちなみに私は泳ぎが得意なので、アリエルです。）LINEグループを作り、グループ名を「プリンセスの会」としたはずですが、「ブリンセスの会」（プではなくブに！）になっていました。プリンセスにはなり切れなかったのです（笑）。

この力強い仲間がいてくれたおかげで、私は本当にいろいろ助けられました。市が違うといろいろやり方が違って、分からないことが多いのです。また、文書などが見当たらないときなどもすぐに電話やLINEで聞くことができました。年に何回かお食事会もやり、その中でI市の情報も聞くことができました。この6人の集まりは、それぞれ学校や職務が変わっても永遠に続けようと決めています。あのとき、自分から声をかけてみて良かったとつくづく思います。

教育委員会の視察には全力で　～おもてなしの心を～

学校には定期的に市教委や県教育事務所の視察があります。学校運営や各担任の授業、環境整備等が見られ、評価されます。「いつもやっていないようなことを、その日だけやることに違和感があると思う」という先生がいました。どうして4年に1度の視察があり、その日のために準備万端にするのでしょうか。私は、次の3つを考えていると職員に伝えました。

①学校が劣化していくのを防ぐための「いい機会」にする

本来は、毎日出勤簿を押し、児童の出席簿を記入すべきなのです。本来は、体育の時間だけジャージに着替え、他の授業はジャージで行うべきではないのです。でも、毎日の生活の中で現場はそんな建前を言ってはいられません。そういうことが多々あります。それを「なあなあ」でやっていると、学校は段々乱れていきます。どこかで、本来を取り戻さなければならないのです。要録にしても学校日誌にしても会計にしても。理想的な姿を知り、日々の中でできるだけ今日の指導を生かしていけたらいいと思うのです。

②せっかく普段頑張っているのだから、それを見ていただきたい

本校は、素晴らしい学校です。どこに出しても恥ずかしくない、あちこちに自慢したい学校

です。それは、先生方の普段からの汗と涙の結晶、努力の成果です。ここでアピールしないで、どこでアピールしたらいいでしょう。一番知っていただきたいのは、市教委と県教育事務所の方々です。ここで見せる授業以上の授業が普段行われているとは思われません。自分のできる最高の授業を展開する、それくらいの意気込みを見せたいものです。

③最高のおもてなしをしたい

お客様をお迎えするときの「おもてなしの心」は、日本人として大切にしたい価値観です。玄関掃除をしたり、お花を飾ったり、普段しないことをするのはちょっぴり見栄もあるけど、お客様に対する気遣いです。どれだけ訪問者を大切にしているか、その気持ちを見せたいと私は思っています。快くお迎えできれば、迎えられた方もこちらに対し心象が良くなり、いい関係が築けると思うのです。いつかお世話になるかもしれない市教委と県教育事務所の方々ですから、大切に思う気持ちを表したかったのです。

2. 自己研鑽 学び続ける・鍛え続ける

師範に合格　～教えるからには自分も学ぶ～

若い自分には、いろいろな習い事をしました。ピアノ、三線、お花、お茶、短歌、俳句、水泳、エアロビクス。どれも長続きしなかったのですが、唯一、習字だけはもうかれこれ20年続けることができた習い事です。小学校教師は、板書が子供たちのお手本となるので、いい文字が書けるようになりたくて始めた習い事です。自宅から歩いて2分ほどのところにある書道教室。第2、第4土曜日の午後3時半から5時まで大人向けの教室です。毎月、楷書と行書、条幅、かなを提出しています。

教頭は、高学年の「書写」の授業を受け持つことが多いので、続けていて良かったと思います。教科書教材を練習して、指導や助言をしていただくこともできます。指導、助言していただいたことを、授業で子供たちに伝えることができます。（いわゆる「受け売り」ですね。）

教頭に就任したときに「準師範」までいただいていたので、次は「師範」を目指すことにしました。師範の試験は、楷書、行書の条幅と、小筆で書く論文（「空海について、墓誌銘について、顔真卿について」）がありました。夏休みや土日に家で時間を作り、師範を目指しました。なかなか先生に合格点をもらえず、何度も書き直し、やっと締め切り間際に提出することができました。

結果、めでたく（奇跡的に）「師範」をいただくことができました。まだまだ自分の書に満足できていないので、これからも研鑽を積んでいこうと思っています。退職したら、自宅で習字教室を開くという夢もあります。

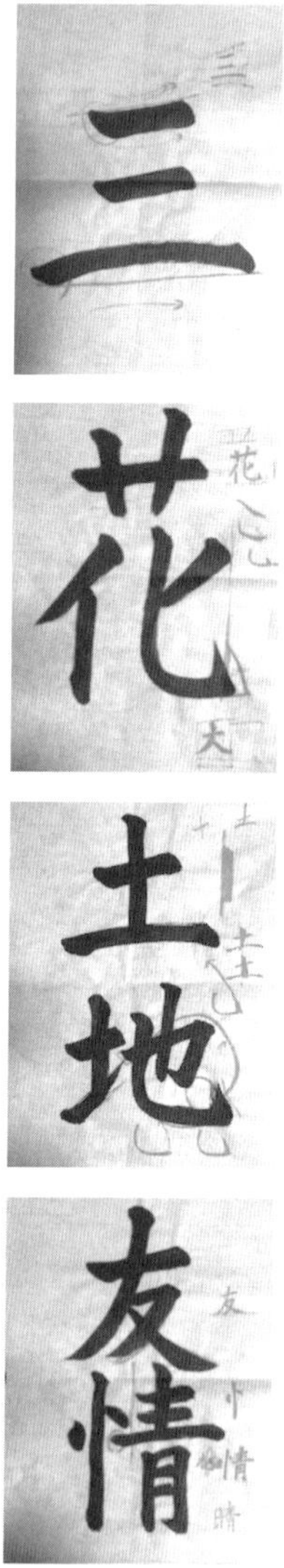

教科書教材の練習

【師範位を戴いて（同人誌に掲載されたもの）】

この度は、師範位にご推挙いただき、誠にありがとうございます。今、喜びと感謝の気持ちでいっぱいです。これもひとえに、20年という長い間、高澤翠雲先生のご指導あってのことです。この場を借りて深く感謝申し上げます。

私は、小学校の教員をしております。黒板に文字を書いたり、保護者に手紙を書いたりしますので、美しい文字を書きたいと思い、書道を始めました。仕事が忙しく、月2回のお稽古にもなかなか参加できないこともある中で、いつも優しく、そして時々厳しくご指導くださいました。まだまだ納得のいく文字が書けませんが、いただいた師範位に恥じないように、これからも精進してまいりたいと思います。今後も変わらぬご指導を賜りますようお願い致します。

フルマラソン完走　～体と心を鍛える～

もともと運動は好きでしたし、得意な方でもありました。しかし、仕事に忙しく、運動不足を感じていました。とくに管理職の仕事は、デスクワークが多く、担任時代に比べてさらに体を動かしていないと思っていました。そんな矢先、身近に運動を続けている方がいらっしゃいました。最初に仕えたK校長先生です。

K校長先生は、必ず、行間休みと昼休みの2回、校庭に出て子供たちを見守りながら、一緒に遊んでいました。スポーツウエアに着替え、運動靴を履いて、汗をかくほど運動をしていました。そして、私は、K校長先生が町内で行われる「マラソン大会」に毎年出場していることを知ることになります。もう退職間近の校長先生が、子供たちや保護者、地域の方が見守る中、4㎞を走るのです。すごいと思いました。尊敬しました。

マラソン大会の後、町内会の懇親会（飲み会）に参加しました。参加者一人一人、スピーチするのですが、私はなんと、図らずも、

「K校長先生が退職された後、私がバトンを受け継ぎ、来年は走ります！」

と述べていました。これは、もう有言実行しなければなりません。

そんな折に、あるセミナーでフルマラソンを走っている女性の話を聞く機会がありました。その方が走っているという「名古屋ウィメンズマラソン（42・195㎞）」は、完走するとイケメンからティファニーのネックレスを全員がもらえるというのです。私はすぐにやる気になりました。

それまでは、マラソンをしている友人に、「走っている人の気がしれない。」と言うほど、走ることなんて考えたこともありませんでした。1㎞走るのも嫌だった私が、フルマラソンを目指すことになるなんて、不思議な巡り合わせ、ミラクルです。

W校長先生というマラソンを続けている方に、「なぜ走るのか」と尋ねたことがあります。

「それは、考える力をつけるため」という答えが返ってきました。

私は、何故走るのだろう……。出てきた答えは、「これ以上苦しいことはないという苦しみを味わえば、どんな困難にも立ち向かえるから。へこたれない心を培うため。」でした。

フルマラソンを走ると決めてから、3km、5km、10kmと距離を伸ばし、10kmマラソン大会、ハーフマラソン（21・1km）大会、そして30kmマラソンを完走するまでに至りました。練習時間は朝5時から20～30分。他に時間がとれるところはありません。朝なら何の予定も入らないのです。土日に少し長めに走りました。

2019年3月8日、いよいよ名古屋ウィメンズマラソン。当日は小雨。それまでに持病の喘息や逆流性胃炎と相談しながら体調を調え、いろいろな方のアドバイスを聞き、万全を調えて参上しました。

結果は、5時間30分かけて、ついに完走！　涙が出ました。もはや、イケメンからティファニーのネックレスをもらうことなんかより、走り切れたことの方が大きな喜びです。そして、私には粘り強く、ちょっとのことではへこたれない根性が身に付いたと思います。

原稿依頼、講師依頼は断らない　～声をかけていただくことに感謝して～

有難いことに、学級担任を離れてからもちょくちょく原稿依頼があります。学級担任としてやってきたことだけでなく、管理職の立場から見た、学級経営の仕方、保護者対応の仕方等への示唆を盛り込むような依頼もくるようになりました。また、他の学校の校内研修の講師や、市や組合主催の若手育成講座の講師の依頼を受けることもあります。

これらは、若い先生への貢献であると同時に、自己研鑽の機会でもあります。依頼があったら、どんなに忙しい時期でも、断らずに承諾しています。（一度だけ、どうしても私の考えに沿わない内容だったものはお断りさせていただいたことがありました。）

3. 危機管理　新型コロナウイルス対応

突然の休校要請　～えっ！　明日が最終日!?～

【令和2年2月27日（木）18時30分】

携帯電話がピロン♪となったので、仕事の手を休め画面を見ると、なんと安倍晋三総理大臣が、新型コロナウイルス感染拡大防止対策として、全国の小・中学校、高等学校、特別支援学校に臨時休校（法規的には臨時休業）要請を表明。しかも来月2日から春休みまで！　3月2日（月）からということは、明日が今年度の最終日。職員を集めようにも、時すでに18時半。過半数は退勤という時刻。しかし、市教委からは何の通達もない……。情報を聞きつけた職員が、職員室に血相を変えて駆け込んでくる。

「落ち着いて！　明日対応を考えるから。」

「担任目線で、何か考えることがあったら教えて！」

こんなふうに始まったコロナ対応。

【2月27日(木)夜】

今日できることは、次の通り。

・保護者からの問い合わせが来たら、「まだ市教委から何も通知が来ていないので、お答えできません。」と答えるように残っている職員に周知する

・明日、配付する保護者への配布物とメールの文面を作っておく

・明日の一日をどのように過ごすか、一日でできることを考える

【2月28日（金）朝】

全職員を始業前に職員室に集める。すでに、登校してきた児童たちは、昨日の報道を知っており、ざわついている。まだ、市教委からの通知は来ていないので、児童の質問にも安易に答えないように気を付けてもらうことにする。

・通知が来るまでは、平常心で授業を続けること
・家庭学習課題を作成することより、学級じまいを大切にすること
・荷物はすべて持ち帰らせることは不可能なので、学年で持ち帰るものを統一すること

【2月28日（金）昼】

給食が始まる頃、市教委からの通知が届く。やはり、今日で今学期は終了。3月2日（月）から臨時休業ということになった。急遽、職員を集め、臨時休業に入ることを伝達。早速、作っておいた文書に、通知の内容を入れ込んで作成完了。全校児童分の印刷、配布。児童の下校と同時にメールも配信。

・卒業式は略式で行うこと。終業式、離任式は行わないこと
・保護者同伴で、荷物を取りに来る日の案内
・通知表の受け渡し、春休みの過ごし方、始業式については後日メールで知らせること

配付文書には、同じ内容のメールを流したことを明記し、メールが届いていない家庭には受信できるように設定をお願いする。今後はメールでの連絡が不可欠になる。

【2月28日(金)のフェイスブック】

疲れました。昨日18時半の報道からの今日下校までの慌ただしさ。子供たちも先生方も保護者の方も、状況をよく分かってくれて、文句も苦情も急かすこともなく、市教委の連絡を待ってからの対応を受け止めてくれました。私が給食を食べたのは14時半。忘れられない一日になりました。皆が感染から守られて、新しい気持ちで4月が迎えられますように。

実は2月から　すでに最悪を想定した対応を考えていた

休業前の2月後半から、すでに新型コロナウイルス感染の拡大を懸念して、私は教職員の皆に不要不急の外出を控えるように呼び掛けていました。「教職員の勤務時間以外の生活を制限する権利はない」「パワハラだ」という声も聞こえてきそうですが、外食、映画、飲み会等の自粛をお願いしました。教職員が学校にウイルスを持ち込むことを避けたいと思ったからです。

そんな折、近隣の市の教員がコロナに感染という報道がありました。もはや感染を防ぐことは不可能ですから、その先生を責めてはいけないと思います。しかし、我々教育現場に勤務する者は、少しでも感染を防ぐ努力をしなければならないのです。教員が感染したら学校は休業を余儀なく行わなくてはなりません。卒業式の挙行を守らなくてはなりません。不要不急と言わず、子供たちのために外出の自粛をすべきです。通勤等で感染することもあるでしょう。それならしかたありません。子供たちから移ることはあっても、子供たちに移すことがないよう、最善を尽くしたいと思います。

実は私も、2月の末にとても聞きたい講演会がありましたが、涙をのんでキャンセルを申し出ました。学校の先生方が集まる講演会でしたので、さらに、講演自体を延期した方がよいのではないかと何度も主催者に伝えました。最初はそれでも決行としていましたが、やはり中止になりました。世の中は、まだまだ危機感をそれほど感じていなかったのでしょうか。

3月、そして4月、5月

【3月　異例の卒業式】

奇しくも令和2年度より、答えが一つではない予想不可能な世の中に対応すべく学習指導要領が変わるのです。先ずは大人が、今まさに答えが一つではない予想不可能な現実に立たされることになりました。皆で主体的に、対話的に、深く考えて進んでいくしかありません。みんな手探り。何がいいかなんて誰も分からない。いろいろな意見が出てきていい。それを批判できる人なんていないはず。どうかこの国難が収束に向かいますようにと願って迎えた学年末。

3月唯一の行事、卒業式をどうするか話し合いました。だいたいの行事は、前年度の反省を生かして、大筋は例年通りとなるところですが、今回は前例なし。他の学校も皆、悩みながらの企画。正解はないのです。市教委からの通知に沿いつつ、子供たちのためにできることを各学校で工夫し、模索していくしかありません。

・卒業証書授与は代表1名
・時間は30分以内
・歌、呼びかけは行わない
・保護者は各家庭1名のみ参加
・在校生、来賓は不参加

このような通知を受け、本校では、代表1名の授与の前に、卒業生全員の呼名をすることにしました。そして、返

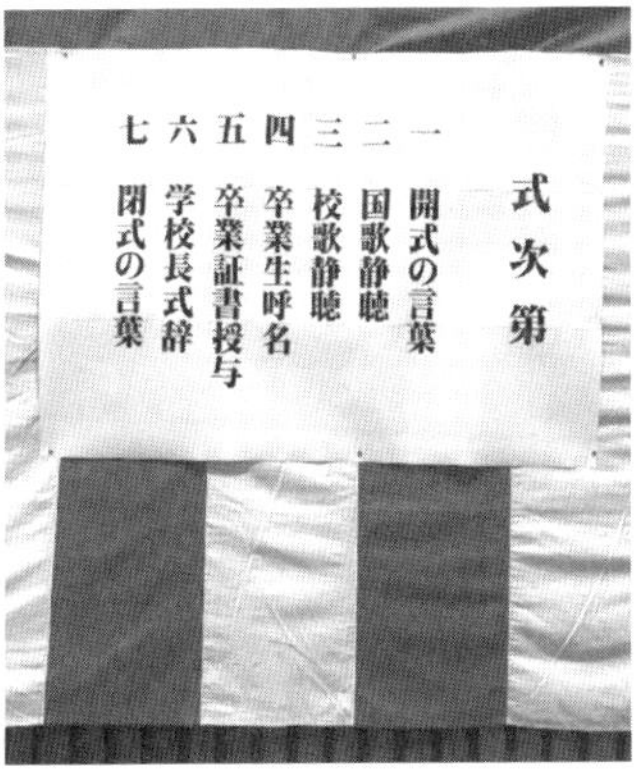

事のあとに保護者の方に体を向け、一人ずつその晴れがましい雄姿を見ていただくことにしました。

職員の気持ちをどうにか表せられないかと考えていたときに、教務主任から、校庭にでかでかとお祝いメッセージを描くことが皆に提案されました。デザインの専門家である友達に緻密な図案を描いてもらい、3階の6年生の教室から見えるように位置と角度も考慮されていました。それを見た職員は、急な提案であったにも関わらず、卒業式の前日に総出で作業をしました。皆、思いは同じ。何か子供たちのためにできることはないかと誰もが考えていたのです。

子供たちは、卒業式当日まで学校にはきません。当日、式の前のわずか15分だけの練習です。

式の前に、一人の男子が、

「30分の卒業式って意味があるんですか？」

と、冷めた調子で担任に言ったそうです。しかし、終わったあとに、

「卒業式、最高でした！」

と言ったそうです。

たった1回の15分間の練習だけで、入場から退場まで整然と粛々と行われた卒業式。担任がみんな、精一杯に涙を堪えて呼名するものだから、私も泣けてしまいました。保護者からも、呼名の後に保護者席の方を向いてくれたので、凛々しいわが子の顔が見られてよかったという感想をいただきました。

例年、何時間も練習に時数を費やしていたけれど、気持ちが入り、やる気になりさえすれば、そんなに練習する必要はないのではないかということを考えさせられました。子供の立派な姿を保護者に見せるために形を整えようとするのは、もしかしたら教員のエゴでしかなかったのかもしれない。そんなことが脳裏に浮かんだ、今回の卒業式でした。

【4月　朝令暮改】

転出される先生方を職員だけで見送り、異動されてきた先生方を迎えての4月1日（水）。市教委からの通知では、略式化した始業式、入学式を行い、その後、給食も始まり授業も行うということでしたから、不安を抱えながらも新しいメンバーで準備を進めていました。

4月3日（金）にその旨のメールを保護者に配信しました。

ところが、その翌日4月4日（土）に市の記者会見があり、「始業式と入学式のみ行うが、その後は5月6日まで臨時休業の延期、週1回の分散登校を行う」という報道があったのです。土曜日の夕方でしたが、即、学校へ向かいました。市教委からの通知を待ちつつ、新しく赴任した校長と教務主任と私の3人で、今後のことを話し合いました。とりあえず、始業式は放送で行うこと、それ以降は休業が続くことをメールで配信しました。

さらに、緊急事態宣言が発令されることを予想した市教委の通知により、放送による始業式も取りやめ、教室で新しい担任と顔を合わせた後、教科書を配付したらすぐ下校という措置に変わりました。週1回計画していた分散登校も当面行わないということになりました。

大変だったのは入学式でした。例年と異なる方法で企画していた矢先、それも入学式の2日前に、入学式中止の通知が来ました。しかし、入学前の家庭にメールを流す術はありません。市のホームページを全家庭が見るとは思えません。

そこで、まずは在校生と卒業生の家庭に入学式中止のメールを流しました。兄弟に新入生がいれば伝わります。そして近所に新入生がいたらお知らせしていただくことをお願いしました。しかし、それだけでは行き届かないことも考えられます。ですから、事務職員、養護教諭で手分けして、新入生の全家庭に入学式の中止と保護者に必要書類や教科書を受け取りに来校していただく日程についての電話連絡をすることにしました。

こんなふうに、市教委からの突然の通知で、直前に方針が変わることが多々あり、激動の4月でした。まさに朝令暮改。市教委も国や県の方針が打ち出されるたびに学校におろしていたのでしょうから、愚痴も文句も言わないことを心しました。しかし、そのたびに話し合いを持ち、計画を立て直し、準備していたことがすべて白紙になるという繰り返しで、虚脱感はたまる一方でした。ありがたいことに職員も一丸となり、愚痴も文句も言わず対応しましたが、やはり疲労困憊していました。そんな職員の感染も心配でしたが、4月9日（木）より、職員も世の中の情況に合わせて在宅勤務ができるようになり、ほっとしたところです。必ず誰か学年1名は出勤することにして、学年で保護者対応ができるようにしました。

4月の後半には、新入生の保護者に必要書類や教科書を受け取りに学校にきていただきました。そして、学校メール配信の手続きを早急にしていただくことをお願いしました。また、2年生から6年生までの児童には、感染防止のために手渡しやポストインをせず、学習課題を郵送することにしました。児童全員に郵送するために、ＰＴＡからいただいている教育活動必要経費から25万円も使わせていただきました。職員が各家庭にポストインしに奔走した学校や近隣の学校から、「うちの学校ではそんなに高額は都合がつかない」と羨ましがられたり、「足並みをそろえて欲しかった」と言われたりしました。しかし、子供たちの感染を防ぐため、そして職員の疲労を考え、即決、即行動でした。新しく赴任した校長のスピーディな判断力のおかげです。

【5月　創造的休暇】

やはりそうなるだろうと予想していた通り、臨時休業は5月末日まで延期となりました。家庭学習の内容には、教科書会社や県教委、ALT（外国語指導助手）などが作成したウェブサイト教材の紹介も行いました。市は、中3と小6の児童生徒の中で、オンライン学習ができる端末がない家庭にはiPadの貸し出しを行う企画を進めていました。

私自身がZoomなるものを知らないと進めていけないと考え、ゴールデンウィークにZoomの習得に取り組みました。Zoom事始めは、知り合いの方から単独でコーチング講座。その後、いろいろなZoom研修を受け、Zoomの良さ、便利さを体得しました。

5月5日には、白駒妃登美さんという歴史家の方の「こどもの日　未来は輝く太陽のように」という講演をZoomで拝聴しました。私の大好きな豊臣秀吉、伊能忠敬、吉田松陰、西郷隆盛、島津斉彬という日本の偉人のすばらしさをお話になった後、子供たちからの質問コーナーがあり、それにお答えになった白駒さんのお話がとても素敵でした。

「休校中にやることがありません。どうしたらいいでしょう。」

という質問に対し、白駒さんは、

「アイザック・ニュートンの万有引力など3大業績と言われる発見は、すべて１６６６年のことでした。１６６６年は『奇跡の年』と言われたそうです。なぜ、１６６６年に発見が集中したのでしょうか。１６６５年に世界でペストという感染症が流行り、今年のようにニュートンの在籍していたケンブリッジ大学も休校となっていました。ニュートンは、故郷に戻り、自分の研究に没頭することができたおかげで、次の年１６６６年に偉大なる発見を成し遂げたのだそうです。１６６５年、ペストの流行した年は、ニュートンにとっては『創造的休暇』だったのです。皆さんも、せっかくの休暇ですから、何かやりたいことを自分で見つけて、自分でやってみてはどうでしょう。」

と話されました。先生方も、子供たちも、保護者の方も、この休校でいつもより余裕のある時間を「創造的」に活用できたらいいと思いました。

学校から一方的に与えられた課題だけに取り組むのではなく、自分の苦手を克服したり、自分の好きな分野の学習を深めたりできるいいチャンスなのです。本校では、高学年が「自学帳」というノートを1冊用意し、自分なりの学習をするようにしました。これぞ、今年度の「主体的・対話的で深い学び」に匹敵するものと思います。

保護者や近隣からの苦情対応

そんな学校事情を知る由もない保護者からは、苦情が学校に多々寄せられていました。私は、「苦情は、ありがたき意見」として受け止めようと思っていますが（笑）。

4月当初には、こんなご意見がきました。

「4月から学校再開とはどういうことか。感染拡大が心配だ。」

「世の中の情況を見れば、まだ休業すべきではないか。」

「うちの子は学校へは行かせない。」

4月も休業延期、分散登校を行うことになってからは、こんなご意見。

「学校が始まらないと困る。学校を再開してほしい。」

「子供が勉強をしなくて困っている。課題が進まない。」

「分散登校は本当に安全なのか。」

等々。

学校保健安全法によって感染症による臨時休業は教育委員会が決めることが定められていますので、学校独自の臨時休業も学校再開も決められないということを理解していただいた上で、感染を懸念されるのであれば保護者の判断で登校しないことができ、「出席停止」扱いとし、欠席扱いにはしない旨を周知しました。

5月に入ると、

「公園で子供が遊んでいる。学校が指導してくれないと困る。」

「マスクをしないで、しゃべっている子が歩いている。メールで注意してくれ。」

というように、自分の地域の子供たちに直接声をかけられない大人が、学校の指導が行き届いていないせいだと訴えてきました。昨今の教育においては、地域ぐるみで子供を育てていこうという取り組みが始められていますが、その矢先のこういう苦情には心が痛みました。

「子供が勉強をしない。課題が終わっていない。」

「オンラインとかウエブ教材とか、やり方が全然分からなかった。こういう家庭のことも考えてほしい。」

という保護者の声には、学校が始まったら補修をしますので、終わらなくてもやっていなくても心配ないことを告げました。それより、家族で過ごす時間を楽しく充実したものにしてほしいと願いました。

いよいよ6月に再開の声が聞こえると、やはり心配だという声が聞こえてきました。

「6月の再開はやめた方がいい。給食は大丈夫なのか。」

「○○市は、△△しているけれど、うちの市はできないのか。」

情報や意見が錯綜している中、職員と話し合いながら、一つずつきまりや方針を固め、学校再開に備えました。どうしたら、子供たちをウイルスから守ることができるか。このことを一番に考えて学校再開に備えました。

6月、いよいよ学校再開

家庭によって休業中の子供たちの生活は様々だったことでしょう。規則正しい生活を送り、十分な食事を摂り、学習も順調に進められていた家庭もあれば、生活が乱れ、偏った食事を余儀なくされ、学習が進められなかったという家庭も少なくはないと思います。

保護者の中にも、外出自粛や収入減などで、相当なストレスを抱えている方がいることと思います。家庭内暴力や児童虐待等の事案がこれから浮彫になってくるかもしれません。

学校を再開するにあたって、こうした状況を推測して子供たちを迎え入れたいと思いました。

少しずつ、生活のリズムを整え、健康を取り戻し、学習への意欲を高めていくことが大事です。

「早く学校に行きたい」と思っていた子の気持ちに応えられるように。

「やっぱり学校はありがたい」と保護者に思われるように。

「学校の勉強は面白い」「授業を受けると勉強がよく分かる」と言われるように。

勉強の遅れはいつでも取り返せると思います。授業をこなすことより、楽しく分かりやすい授業内容を考えるように先生方に呼びかけました。ほとんどの行事や取り組みが中止になりましたので、子供たちのテンションをあげることにも工夫が必要です。

6月に行った「あじさい入学式」

密を避け、２部制にしました。

壇上には、ひまわりも生けました。

Ｗｉｔｈコロナの時代。感染防止のための配慮はもとより、感染した児童やＰＣＲ検査を受ける児童への配慮も必要です。誰もが感染する可能性があり、感染させてしまう可能性もあります。これが、偏見やいじめにつながることを一番に恐れています。

これからは、コロナと共に生きていく新しい生活様式を模索していかなければなりません。いろいろな変更にも柔軟に、臨機応変に対応できる力を、大人も子供も持たなければなりません。余計なことをやめて、新しいことを始める勇気が必要です。「答えが一つではない予想不可能な世の中」を、学校と家庭と地域が手を組んで、前向きに進んでいきたいと思います。

おわりに

私の教頭職1校目は、教職員、児童、保護者、地域、教頭仲間に恵まれた素敵な2年間でした。新米教頭なのに、そして新参者なのに、皆さんが大変よくしてくださって、支えられながらの楽しい2年間でした。

3年目に異動があり、F市に戻ることができました。（主人がそのかわりN市に異動となってしまいましたが。）2校目の学校は、大きな学校です。これまでの12学級200人そこそこの学校から29学級900人近い学校になり、教職員も前任校は30人ほどだったのが今は50人を超える規模です。異動の際の面接で、教育長から「大きな学校なので、児童の対応、保護者の対応、地域の対応と、今までより大変になると思いますが、よろしくお願いします。」と言われました。

いざ新しい赴任校に足を踏み入れてみれば、規模は大きくても学校はどこでも同じ。先生方は一生懸命、チームワークは抜群。子供たちは人懐っこくて、明るくて、元気いっぱい。PTAもきちんと組織されており、地域の方も学校に好意的。またしても素敵な学校に赴任することができました。

そういう学校が築かれているのは、S校長のお人柄あってのことでしょう。S校長は、常に校長室を開いており、先生方の声がいつでも受け入れられるようにしています。教室に入れない子供たちやお叱りを受ける子供たちも校長室に来ています。細かなことにも目が行き届き、芽が小さいうちに対応されるため、大ごとにならずに済むことが多々あります。一人一人を大切に思い、自分の仕事は後回し。私はここでの日々の出来事が、みな栄養になっていると思っています。

令和2年度に校長異動があり、新しく赴任されたN校長は、迅速かつ適切な判断力を持っておられ、この苦難を乗り越えるにふさわしいリーダーです。情報を得るアンテナが高く、見通しを持った対応策を提示してくださいます。職員の声を聞きつつも、ここぞという際にははっきりとした決断を言い渡してくださいます。危機を防ぎ、乗り越える力を学ばせていただいています。

そして、若手をきちんと教育しているのが、優秀なK教務主任です。20代30代の先生方が75%を占めているほどの若手が多い学校です。2年目の先生が初任の先生に、自分たちが教わったことを教えている姿がみられます。朝はごみ箱のごみ集めや玄関の掃除をしたり、打ち合わせの前にはお茶を入れたりということがしっかり受け継がれていました。そう指導しているのが、K教務主任なのです。細かいことに目が行き届き、その上、若手指導のために嫌われ役を買って出てくれることもしばしば。卒業式の前日、校庭にでかでかとお祝いメッセージを描くことを皆に提案したのもK教務主任。急な提案であったにも関わらず、職員総出で作業をしました。教務主任の人柄に皆が共鳴したからこその行動です。

教頭の役割の一つは、後進を育てることです。優秀な教務主任、優秀な担任こそ、管理職となって、あとに続いて欲しいと思います。担任の気持ちが分かる人にとっては、職員室の担任もまた楽しいはずです。とくに教頭は、黒子のような存在だけれど、実際に学校を支えているという手ごたえが確かにあります。ある程度の年齢になり、ある程度の経験をされた方は、ぜひ、一度は管理職への道を考えてみる価値はあると思います。やってみて、向いていなければ、降格人事もあるのです。この本を手に取って読んでくださったあなたは、世のため、日本のため、教育のため、子供たちのために求められている人材に違いありません。いつの日か、あなたが管理職への門をたたく日を待っています。

最後になりましたが、コロナ対応まで語らせていただき、私を励ましつつも様々なアドバイスをくださいました学事出版の加藤愛様ならびに素敵なイラストを描いてくださいました福々ちえ様に、厚く御礼申し上げます。

令和2年8月末日　「コロナ禍に　どこ吹く風よ　蝉しぐれ」

藤木美智代

[著者紹介]
藤木美智代（ふじき・みちよ）
1964年千葉県生まれ。千葉県公立小学校教諭を経て平成29年度より教頭職。
「学ばざる者、教えるべからず」をモットーに、学校経営や学級経営、学習指導について日々追究している。著書に『7つの習慣Kids第3の習慣 大切なことから今すぐ先に』（キングベアー出版）、共著に『女性教師だからこその教育がある！』（学事出版）『学級経営大事典』『教職1年目の働き方大全』『どの子も輝く！通知表の書き方＆所見文例集』（以上、明治図書）『とっておきの道徳授業8～13、15～17」（日本標準）などがある。月刊誌『授業力＆学級経営力』（明治図書）、『教育技術 小一小二』（小学館）などに原稿執筆。

女性管理職という生き方 ～なんて楽しい教頭職～

2020年11月12日　初版第1刷発行

著　者　藤木美智代
発行者　花岡萬之
発行所　学事出版株式会社
〒101-0021　東京都千代田区外神田2-2-3
TEL　03-3255-5471
URL：http:/www.gakuji.co.jp

編集担当　加藤　愛　装丁・本文イラスト　福々ちえ
JASRAC 出 2008294-001
印刷製本　精文堂印刷株式会社

ISBN978-4-7619-2670-0 C3037